Amelie Riemann

Seite 98 bis Montag lesen....

Brief schreiben!!

Inge Ott · Freiheit!!

Inge Ott

Freiheit!!

*Sechs Freunde in den Wirren
der Französischen Revolution*

Verlag Freies Geistesleben

Die Deutsche Bibliothek – CIP-Einheitsaufnahme

Ott, Inge: Freiheit!! : sechs Freunde in den Wirren der Französischen Revolution / Inge Ott. – Stuttgart: Verlag Freies Geistesleben, 1996

ISBN 3-7725-1576-2

© 1996 Verlag Freies Geistesleben GmbH, Stuttgart
Einband: Walter Schneider unter Verwendung des Bildes von
«Prise du palais des Tuileries» von Jean Duplessi Bertraux,
Musée de Versailles, Foto: Giraudon
Druck: Clausen & Bosse, Leck

Inhalt

Teil I
Oktober 1789 – Mai 1790

Clément 11
Marcel 21
René 26
Pierre 31
Régine 34
Nicole 42

Teil II
Mai 1790 – Mai 1792

Die Überraschung 49
Ein dunkler Tag 54
Rivalen 59
Ein Fest für andere 63
Die Austrägerin 67
Teufel, ja! 71
Vom Logenschließer zum Agitator 75
Der Professor 79
Kann ein Journalist weinen? 82

Die Denkschrift 84
Der unfreiwillige Urlaub 87
Funte 90
Ein Gast im Dunkeln
und was der Blinde hört 93

Teil III
Juni 1792 – April 1793

Der Schirm der Bürgerin Cato 101
Nur für Füchse gedacht? 106
Die Jakobinermütze 108
Die schwarzen Hände 112
Die Schreibstube des Herzogs 115
Das Bündel 119
Die Templerburg 124
Geheime Zusammenkunft 126
Tumult im Konvent
und ein vergessenes Heft 130
Das kleine Haus 134
Das Komplott 136
Der Rettungsversuch 140
Héberts Tränen 143
Der schauerliche Umzug 145
Ein Brief und Bekenntnisse 148
Die Verhaftung 151

Teil IV
April 1793 – September 1794

Sansculotten 157
Ein seltsames Wiedersehen 160
Der kranke Junge und ein neuer Versuch 166
Régine und Scipion-Virgine 169
Der Terror und Père Duchesnes Wunsch 174
Richtung Paris 177
Gefahr! 183
Das Schiffchen 187
Die Stimme des Redners 192
Der Geißbauer 195
Héberts weiße Lippen 197
Der Prozeß 201
Das Ende 203
Ein Glas zerbricht 206
Der Ring 209
Die Verräterin und der letzte vom Club 212
Nicoles Stimme 215
Heimkehr 217

Ausklang 221
Zeittafel 223
Anhang: Die politischen Interessengruppen der Französischen Revolution 225

Teil 1:
Oktober 1789 – Mai 1790

Clément

Clément sah Nicoles roten Rock noch eine Weile zwischen den Bäumen; dann hörte er nur mehr die Stimmen der anderen und konnte daran abschätzen, wie weit sie sich entfernten. Zwei – drei Stunden würden sie Zeit haben, um Beeren und Brennholz zu sammeln; dann würde die Dunkelheit hereinbrechen. Die Lichtung eignete sich gut für ein Feuer. Weit und breit gab es kein Dorf, keinen Gendarmen. Die Fahrstraße lag jenseits des Sumpfes. Höchstenfalls Räubergesindel verirrte sich hierher. Aber was konnten Straßenräuber von einer Gruppe armseliger Jungen und Mädchen großes erwarten? – Von einer Gruppe Davongelaufener, die sich Club nannten; «Club der Begeisterten» hatte Pierre vorgeschlagen. Aber wenngleich er der Anführer war, hatten sie den Namen doch nicht sofort festgelegt. Vielleicht fiel ihnen noch ein besserer ein.

Clément hob mit beiden Händen das Bein an, das ihm eingeschlafen war, und rückte es ein wenig zur Seite. Soweit man es sah, war es dünn und blaß. – «Unbrauchbar», hatte der alte Mann gesagt, bei dem Clément lebte, seit er denken konnte. Auch die Alte hatte dieses «Unbrauchbar» gemurmelt, hatte dem Mann seufzend ein Bündel Weidenruten gereicht, die er zum Körbeflechten brauchte.

Clément sah das Gesicht des jungen Grafen vor sich, der hoch zu Roß vom Schloß herunter bei den Korbflechtern vorbeigeritten kam. Mit der Reitgerte hatte er auf Clément gedeutet.

«Schick mir den Jungen morgen zum Brennholz-Tragen, Alter! Oder hat er was an den Beinen?»

«Unbrauchbar, Euer Gnaden.» Sie hatten alle drei mit den Schultern gezuckt.

«Dann eben unbrauchbar.» Mit einem kurzen, wegwerfenden

Blick auf Clément hatte der Graf sich abgewandt. Clément hatte ihm nachgeschaut, so lang er zu sehen war: Graf Anatole de Chablot, ein geübter, eleganter Reiter! Das Pferd peitschte mit dem Schwanz. Die Kruppe glänzte blank.

Er beneidete die Dorfkinder. Frisch gespaltenes Holz roch so gut! Man wirft die Scheite in einen Weidenkorb, trägt sie die Schloßtreppe hinauf und stapelt sie im langen Gang in den kleinen Kammern, von denen aus man die Öfen in den Wohnräumen heizt. Régine hatte es ihm genau erklärt. An ihren ehrlichen Augen und roten Händen hatte er gesehen, daß sie es wissen mußte. Clément sah gern in ihre dunklen Augen. Er war froh, daß sie zum Club gehörte. Zu Hause hatte sie viel Arbeit. Man ließ sie selten weg. Ihre Familie war arm; die Leute im Dorf nannten sie nur «die Geißbauern», weil der Vater einen Bock vor sein elendes Wägelchen spannte.

Noch ärmer waren die Korbflechter, bei denen Clément lebte. Wer seine Eltern waren und wer seinen Unterhalt gezahlt hatte, wußte er nicht. Er war ein Findelkind. Die Alten sprachen nicht davon; und der Dorfpräfekt hätte sich erst die Papiere ansehen müssen. Zu große Mühe! Vater Lénot, der Dorfpfarrer, hatte gesagt: «Du bist ein Kind Gottes, das sollte dir genügen!» Die Freunde hatten gekichert. Nur Régine nicht.

Eines Tages war dann kein Trost mehr nötig gewesen. Ich bin Clément! hatte er in sein Heft geschrieben. Seither war dieses Heft sein Tagebuch.

Einige Zeit vorher war Pierre ins Dorf gekommen, um Vater Lénot zu besuchen, seinen Onkel. Er hatte jene Zeitung mitgebracht, in der das erschreckende Bild war:

Das Volk von Paris stürmt die Bastille!

Feuernde Kanonen. Pulverdampf, mit Äxten bewaffnete Menschen, Spieße, Hacken, im Vordergrund Gefallene. Blut!

Sturm! Sturm! – Ein Aufstand gegen die Allmacht des Königs, der mit der düsteren Festung Bastille drohte! «Das Volk will

mitregieren», rief Pierre, «sich nicht mehr einschüchtern lassen; sondern eine Volksverfassung haben!»
Sturm! Sturm!

◆

Die Sonne war nun schon hinter den Wald gesunken, und die gesamte Lichtung lag im Schatten. Clément zog sich an seinen Krücken hoch und humpelte um die Feuerstelle herum. Da lagen die Bündel der anderen, die Speck, Brot und Wurst enthielten. Jeder gab, was er hatte. Der gestohlene Handkarren stand weiter drüben. Wo hatte René ihn mitgenommen? Wie hatte das Dorf geheißen?

Jetzt hörte er die Stimmen der Freunde im Wald wieder näher kommen. Er setzte sich neben Régines Bündel auf die noch sonnenwarme Erde. Von Osten her schob sich die Dunkelheit über den Himmel. Dort im Osten lag Paris, das sie morgen erreichen wollten! Heimlich waren sie aus Les Granges aufgebrochen. Bald würden die Glocken der Dorfkirche den Abend einläuten. Sie aber waren weit von zu Hause weg, auf dem Weg zur Revolution!

Nicole kam mit Beeren und einem dünnen Ast aus dem Wald. Ängstlich sah sie zum Himmel. Sie war als letzte in den Club eingetreten. Die anderen wußten mehr von Politik als sie; zum Beispiel von den Clubs, die sich in Paris gebildet hatten: den Jakobinern und anderen. Die alte Form des Königtums, die Verfassung und die Revolution wurden in diesen Pariser Clubs diskutiert.

Nicole war schüchtern; aber sie war ein guter Kamerad. Clément sah jetzt Pierre und Marcel, die schwer beladen nach ihr aus dem Wald kamen. Beide warfen einen Blick auf Nicole – und schauten aneinander vorbei. Clément kannte diesen Blick; er wußte, daß Nicole beiden gefiel. Es war nichts Bäuerliches an ihr. Zuletzt sah er René mit trockenen Ästen auf die Lichtung heraustreten. Und zuallerletzt kam Régine zurück. Ihr Haar war zerzaust, ihr Gesicht gerötet und naß von Schweiß. In dem blauen

Topf, den sie von zu Hause mitgenommen hatte, häuften sich die Beeren.

Beim Lodern des Lagerfeuers aßen sie, was sie mitgebracht hatten. Die Flammen überstrahlten ihre erregten Gesichter mit flackerndem Rot.

Pierre rief: «Es leben die Menschenrechte! Freiheit! Gleichheit! – und die Brüderlichkeit!» Sie machten es ihm alle nach: Jeder von ihnen ergriff einen Holzknüppel und warf ihn in die Glut, daß die Funken hoch aufsprühten. Besonders das Wort «Brüderlichkeit» hatte für Clément einen ganz wunderbaren Klang. Aber auch das, was er sich unter Freiheit und Gleichheit vorstellte, war neu und schön! – Das waren die Menschenrechte, die General La Fayette aus dem Freiheitskampf der Amerikaner nach Paris mitgebracht hatte. Diese Menschenrechte zu verwirklichen war die Revolution! Wie es geschehen konnte, würden sie morgen schon – ganz gewiß schon morgen – in Paris erfahren! Und weil sie glaubten, daß dieses Jahr der Revolution, 1789, ein Glücksjahr war, beschlossen sie, sich «Club 89» zu nennen. Beim Schein der Flammen trug Clément es in sein Tagebuch ein.

Das Feuer brannte nieder, und jeder wickelte sich in seine Decke, sein Tuch oder seinen Mantel. Der Himmel über ihnen war dunkelblau und klar wie schon oft in diesem Herbst. Über dem Waldrand funkelte ein Stern.

♦

«Heute ist der sechste Oktober!» rief René am nächsten Morgen, noch ehe die anderen aufgewacht waren. Er zog den Handkarren, den er vor ein paar Tagen gestohlen hatte, nahe zur Feuerstelle. Und als sie etwas gegessen hatten, nötigten sie Clément, sich auf den Karren zu setzen.

«Du mußt unsere Bündel bewachen, damit keines herunterfällt!» sagte Marcel.

Die Straße führte durch Stoppelfelder und kleine Waldstücke.

Clément streifte die Gegend kaum mit einem Blick. Er starrte nur vor sich hin oder auf die Beine desjenigen, der ihn gerade zog. Nur er war unbrauchbar! Gegen Mittag sagte Pierre: «Wir nähern uns Versailles.»

Jetzt durchschnitt die Straße einen größeren Wald. Aus der Ferne kam der Ton von Jagdhörnern. Glänzend bespannte Kutschen flogen vorbei und Reiter auf edlen Rossen. Nur hin und wieder noch ein Bauernkarren.

«Brüder!» rief Pierre, «das sind die Höflinge aus dem königlichen Schloß von Versailles, die nicht glauben wollen, daß eine neue Zeit angebrochen ist! Sie wollen die Freiheit und die Gleichheit des Volkes nicht. Sie wollen noch immer mehr sein als die anderen!»

Die Leute, die auf der Straße nach Versailles gingen, hatten sich seit einiger Zeit zu größeren Gruppen zusammengefunden. Meistens waren es Frauen; eine Stunde später waren es schon sehr viele. Mit aufgeregten Stimmen riefen sie: «Auf nach Versailles!» Manche hoben die Faust und drohten den Vorbeirasenden.

Die Menschenmenge wurde nun immer dichter und die Parolen immer härter: «Holt den König aus den Krallen der Höflinge!»

«Dort vorne: das Schloß von Versailles, das Königsschloß!» schrie Pierre dazwischen. «Nach Paris mit dem König! Weg von den Höflingen! Dann wird er die Menschenrechte schon unterschreiben – und alle werden gleichviel zu essen haben!»

Pierre hielt die Wagendeichsel fest; die Freunde klammerten sich an die Bretter. «Nach Paris mit ihm!» schrie jetzt auch René mit leuchtenden Augen. Andere jammerten nur: «Brot! Brot!» Clément sah auf den Gesichtern der Freunde dieselbe Erregung, die auch er fühlte.

Jetzt war man vor dem Schloß angelangt. «Brot! König, gib uns Brot!»

Ein Mann rief: «– und die Pasteten, die deine Höflinge fressen!»

«Leute: ins Schloß!»

«Sie brechen durch die Schloßwachen!» wurde weiter vorne gerufen.
«Man ist in das Zimmer der Königin vorgedrungen!» Gewehrschüsse krachten.
«Diese Teufel von Leibgardisten!» rief man aufgebracht. Aber dann: «Sie schießen in die Luft. Ein La Fayette läßt seine Leute nicht auf wehrlose Bürger schießen! Ha ha!»
Jetzt ein Schrei der Vorderen: «Der König zeigt sich! Er hebt das Söhnchen hoch, den Dauphin! Es lebe der König! Vive le roi!»
«Wir wollen den König *und* eine Volksverfassung haben!» Ein Sprechchor bildete sich: «Mit uns nach Paris! Mit uns nach Paris! Wir wollen eine verfassungsmäßige Monarchie! Weg mit dem alten Zopf! – Weg mit dem souveränen Königtum!»
Plötzlich der Jubelschrei des Volkes: «Die Karossen fahren vor! Der König ist darin, die Königin und die Kinder!»
«Wie alt ist der Dauphin jetzt?» wollte ein Mann wissen.
«Viereinhalb.»
«Und die Prinzessin?»
«Zehn. – Es lebe der König!»
«Jetzt fahren sie!»
«Wir haben den König in unsrer Gewalt! Jetzt wird alles gut! Der König kehrt ans Herz seines Volkes zurück!»
«Ins Schloß der Tuilerien mit ihm! Da ist er nahe bei uns! O Gott, was für ein Tag! Alles wird gut!» Sie stimmten ein Lied an. Pierre sang so laut mit, daß die Adern an seinem Hals hervortraten. Und die anderen vom Club 89 sangen mit, auch Clément, sogar Nicole, bis ihnen die Stimme versagte. Pierres Blicke fragten: «Habe ich euch zuviel versprochen?» Sein Gesicht war voll Triumph. Die Freunde nickten stumm.

Auf einmal drängten die Menschen zur Seite. Pferde wieherten schrill und verstört. Der Handwagen, auf dem Clément saß, kippte hoch und wurde umgeworfen. Clément krallte sich an den Brettern fest, aber vergeblich. Er sah die Bündel der Freunde zwischen die vielen Beine rutschen. Ein Mann stolperte über die Krücken.

Nicole fiel. Und dann wußte Clément nichts mehr von sich, fühlte nur noch dumpf einen gräßlichen Schmerz im Kopf.

◆

Als er zu sich kam, hatte sich der Platz vor dem Schloß geleert. Die Freunde sah er nirgends.

In der Nähe des Schlosses lagen vereinzelt Menschen auf der Erde – seltsam unbeweglich und still. Hatte La Fayette doch nicht nur in die Luft schießen lassen? Kinder tauchten am Ende des Platzes auf. Sie bückten sich nach etwas. Und als sie es aufgehoben hatten, sah Clément, daß es seine Krücken waren: die Astgabeln, die ihm René und Marcel geschnitten hatten, ehe sie aus Les Granges aufgebrochen waren.

«Die gehören mir!» rief er; aber die Kinder kümmerten sich nicht darum. Sie hatten die Toten bemerkt; und weil sie sich vor ihnen fürchteten, es aber nicht zeigen wollten, tasteten sie mit den Stöcken an ihnen herum.

«Meine Krücken!» schrie Clément noch einmal so laut er konnte; aber mit seiner Stimme war irgend etwas passiert. Sie gehorchte ihm nicht.

Zögernd kamen die Kinder herbei. Als sie seine Beine sahen, gaben sie ihm die Krücken zurück. Ein großer Junge stellte den Wagen auf.

«Wir bringen dich, wohin du willst», sagte er.

In diesem Augenblick bemerkte Clément weiter drüben Pierres Bündel. Es war aufgerissen. Etwas Silbernes blitzte aus dem Innern hervor. Als Clément es aufhob, erschrak er: Es war der Leuchter aus der Dorfkirche von Les Granges, den Vater Lénot am Anfang der Revolution im Keller versteckt hatte.

Als Clément zu den Kindern zurückgehumpelt war, sagte der Junge, der den Wagen aufgestellt hatte: «Jetzt wissen wir, wo wir dich hinbringen: zum Abbé Fauchet, der am vierzehnten Juli den Sturm auf die Bastille angeführt hat. – Du bist doch ein Patriot, oder nicht?»

«Oh!» rief Clément erschrocken.

Aber die Jungen beruhigten ihn: «Man sieht ihm nicht an, daß er ein Held ist. Mit uns lacht er gern.»

◆

Vor der Tür eines armseligen Häuschens stand ein Mann und sah den Jungen neugierig entgegen. Es war Abbé Fauchet. Als er sie und auch Clément angehört hatte, sagte er: «In etwa drei Wochen kehre ich nach Paris zurück. So lang kannst du bei mir bleiben, wenn du willst. Dann nehme ich dich mit.»

«Drei Wochen?» Das kam Clément vor wie eine Ewigkeit. Verwirrt ging er hinter Abbé Fauchet ins Haus.

«Vielleicht kann ich in dieser Zeit über deine Freunde etwas in Erfahrung bringen», sagte der Abbé. Den Jungen rief er zu, sie sollten den Handkarren in den Schuppen stellen. Dann zeigte er Clément den Strohsack in der Kammer, auf dem er nächtigen konnte. Der Abbé selbst schlief wohl auf der Bank in der Küche. Mehr Raum war in dem Häuschen nicht.

«Du wirst viel allein sein», sagte er, «auch jetzt muß ich noch einmal weg. Aber ehe es dunkel ist, essen wir etwas zusammen.» Und er zog die Tür hinter sich zu.

Clément war allein. Der heutige Tag mit seinen einander überstürzenden Ereignissen kam grell in seine Erinnerung zurück. Als er endlich ruhiger wurde, schlug er sein Tagebuch auf, um alles niederzuschreiben. Wenn er die Freunde wiederfinden würde, könnten sie es lesen. Aber dann gelang ihm nur der eine Satz:

Ich bin bei Abbé Fauchet in Versailles.

◆

Einige Tage später wollte Abbé Fauchet von Clément etwas über die Freunde vom Club 89 wissen. Er hatte nichts über sie in Erfahrung bringen können. Sicher waren sie schon in Paris.

«Wie siehst du sie?» fragte er, «– zum Beispiel Marcel?»

«Tag und Nacht denkt er nur daran, daß er Arzt werden will.

Aber immer, wenn er zu Hause davon anfing, hieß es: Wir brauchen dich in der Landwirtschaft. René ist klein», fuhr Clément fort, «und drahtig. Ich habe ihn noch keinen Augenblick lang ernst gesehen. – Pierre ist unser Anführer. Er hat uns mit einem Stöckchen den Stadtplan von Paris in den Sand geritzt. Wir wissen alle, wo das Schloß in den Tuilerien ist, wohin man den König gebracht hat. Wir können uns die Inseln in der Seine vorstellen. Auf der mittleren steht die große Kirche. Da ist auch das Staatsgefängnis, die Conciergerie, in der die Landesverräter auf ihre Hinrichtung warten.»

«Und warum haben sie dich mitgenommen, Clément?» fragte der Abbé und sah ihm aufmunternd in die Augen.

«Ich bin der Chronist», bekannte Clément errötend.

«Das ist gut! Wir vergessen so rasch, wie eine Sache angefangen hat, wenn wir nicht alles genau aufschreiben. – Habt ihr eine Schule in Les Granges?»

«Gewiß, Monsieur», sagte Clément, «aber darüber hinaus hatten Marcel, René und ich Unterricht bei Vater Lénot, dem Pfarrer.»

«Das Schreiben ist also keine Schwierigkeit für dich?»

«Es macht mir Spaß», sagte Clément. Dann sagte er noch: «Zu uns gehören auch zwei Mädchen. Die sind Revolutionäre wie wir.»

Abbé Fauchet nahm sich immer wieder Zeit, um bei Clément zu sitzen. Clément faßte ein tiefes Vertrauen zu ihm. Er sah so gern in sein freundliches Gesicht mit dem runden Kinn und der kleinen Nase. Bescheiden aber gerade schaute der Abbé jeden an, mit dem er sprach.

«In Wahrheit ist unser Club bis jetzt nur eine Bande von Dieben, Monsieur, denn jeder hat zu Hause etwas mitgenommen, was ihm nicht gehört: René ein wenig Geld; Marcel geräucherte Würste und Schinken, natürlich auch Geld; Nicole einen großen roten Rock ihrer Mutter und ihre Ohrringe; Régine hat den Ziegenkäse mitgenommen, den sie am nächsten Tag hätte verkaufen sollen – ihr Vater ist der Geißbauer.» Was Pierre mitgenommen hatte, konnte Clément nicht über die Lippen bringen. Drüben im Schuppen lag das Bündel mit dem Leuchter noch auf dem Handkarren. Er hatte es nie mehr angefaßt.

«Und du, Clément?»

Nach langem Zögern gestand Clément: «Vor vielen Jahren habe ich in der Schublade der Korbmacherin, die mich aufgezogen hat, eine kleine silberne Dose entdeckt. Sie hat Schnörkel und Gravouren und eine versteckte Lasche zum Öffnen. Wenn man sie aufmacht, sieht man innen im Deckel ein sehr helles, liebes Gesicht. Es gefiel mir so gut, daß ich es immer wieder heimlich ansah.»

«Zeig mir die Dose, Clément.» – Und dann gingen seine Blicke zwischen dem Gesicht in der Dose und Cléments Gesicht hin und her. Sorgsam schloß er den Deckel und stellte die Dose auf den Tisch zurück.

«Und was wißt ihr sonst noch von der Revolution?»

«Die freie Äußerung von Gedanken und Meinungen ist eines der wertvollsten Rechte der Menschen!» sagte Clément mit leuchtenden Augen.

Von da an brachte Abbé Fauchet erst kürzere, dann immer ausführlichere Texte, die er von Clément abschreiben ließ. «Es sind Artikel für eine Zeitung, die ich gründen will», sagte er. «Außerdem sehe ich daran, was du kannst. Ich denke, ich werde dich in Paris bei einem Mann unterbringen, der sich seit der Revolution Bürger Philippe Égalité nennt, und das mit Recht, denn er ist als einer der ersten Adeligen dem dritten Stand beigetreten. Er ist als Herzog von Orléans geboren. Philippe Égalité lebt in einem Stadtpalais, das einen schönen Park umschließt. Dort wirst du deine Freunde wiederfinden, denn im Park von diesem ‹Palais Royal› halten die großen Revolutionäre ihre Reden an das Pariser Volk.»

An diesem Abend schrieb Clément in sein Tagebuch:

20.10.1789

Bald werde ich alle wiedersehen. Ich freue mich auf Paris!

Marcel

Während der großen Verwirrung vor dem Schloß von Versailles hatte Marcel Nicole aus den Augen verloren. Mehr und mehr Berittene drangen in die Menschenmenge ein. Nach allen Seiten versuchte man auszuweichen. Die einen strebten den königlichen Kutschen nach, die anderen liefen den Pferden hinterher, noch andere drängten nach hinten. Da der König nun wirklich zur Rückkehr nach Paris gezwungen worden war, gaben sie sich zufrieden.

Zwischen diesen Umkehrern meinte Marcel, etwas Rotes gesehen zu haben. Nicoles Rock?! Wollte sie womöglich nach Les Granges zurück? Marcel drängte sich durch die Menschenhaufen, um das Rote nicht aus den Augen zu verlieren. Bis zur Heiserkeit schrie er: «Nicole! Nicole!» Er keuchte, wehrte sich gegen die Menge. – Jetzt blitzte es rot in der Allee auf, jetzt noch weiter vorne. –

War das der Weg nach Les Granges, den sie gekommen waren? Plötzlich war Marcel sich dessen nicht mehr sicher. Aber egal, ob es der Weg nach Les Granges war oder nicht: Wenn nur Nicole auf diesem Weg war. Seine Nicole!

«Geh mit nach Paris!» hatte er sie überredet, weil sie unschlüssig war wie immer. Nicole hatte keinen eigenen Willen. Zu Hause hatte man ihr den Willen genommen. Sie hatte es nicht gut daheim im Lehrerhaus von Les Granges, nachdem der Vater gestorben war. Jetzt regierte dort ein Hilfslehrer, den Marcel nicht leiden konnte: Mach Feuer, melk die Kuh! Miste den Stall aus, putz die Schulstube, hilf den Schwachen beim Rechnen! – Und nimm dein Essen mit in die Kammer: Bei Tisch will ich meine Ruhe vor Kindern haben! – Und die Mutter sagt kein Wort dagegen.

«Nicole! Nicole!» Marcel hörte seine eigene Stimme nicht mehr. Weiter vorne waren Berittene herangesprengt. Keiner wußte mehr, wohin er ausweichen sollte. Sie hielten aufs Schloß zu. Als sich die Menschen auf der Straße endlich wieder gesammelt hatten, war der rote Rock nirgends mehr zu sehen. Marcels Augen brannten. Er lief und lief und wollte sich nicht eingestehen, daß er in Wahrheit schon längere Zeit nichts Rotes mehr gesehen hatte. Er wollte nicht zugeben, daß das Rote, das er für Nicoles Rock gehalten hatte, Nicoles Rock vielleicht gar nicht war. Er lief, weil er nicht mehr anders konnte. Verzweifelte Hoffnung trieb ihn voran.

Es wurde Nacht. Am Schlurfen seiner Holzpantinen merkte er, wie müde er war. Seine Füße taten weh. – Endlich gestand er sich ein, daß er Nicole verloren hatte.

Seitlich an der Straße war ein altes Gemäuer, vielleicht die Wand eines Klosters. Nahe bei ihr ließ er sich zu Boden fallen, lehnte sich mit dem Rücken an die Steine und blieb im Dunkeln sitzen, den Kopf auf die Knie gestützt. Er fühlte sich sehr elend.

Wo war Nicole? Und wo die anderen?

Der Schein einer Laterne kroch um die Mauerecke. Vielleicht der Nachtwächter des Klosters? Als er Marcel sah, zögerte er kurz, dann kam er eilig heran.

«Ein Mensch?»

Marcel sah sein erschrockenes Gesicht unter der Kapuze. Dann hellte es sich auf. «Ein Patriot aus Versailles?» Als Marcel bejahte, rief er: «Dich hat Gott gesandt! – Du nimmst doch Herberge bei uns, Bürger Patriot?»

Die Mönche drängten ihm Essen und Milch auf und richteten ihm ein Nachtlager. Marcel ließ alles mit sich geschehen. Er war wie betäubt. Er hatte die Freunde verloren, Nicole! Gegen Morgen polterte jemand von außen ans Tor. Eine grobe Stimme rief:

«Seid ihr noch immer in euerm warmen Nest?»

«Wir beherbergen einen Patrioten!» schrie der Pförtner durchs Guckloch, «einen, der in Versailles war, während du im Heu gelegen hast!»

«Ich sage ja nichts gegen ihn, Alter, die Klöster gehören von jetzt an aber den Bürgern!»

Am nächsten Morgen baten die Mönche: «Bleib bei uns, Bürger Patriot, bis wir wissen, wohin wir gehen können. Wir haben einen Boten in die Vendée zu anderen Brüdern gesandt. Er wird in Kürze zurück sein.»

Jetzt, wo Marcel Nicole verloren hatte, war ihm alles gleichgültig. Was machte es schon, ob er früher oder später in Paris eintreffen würde? Die Freunde mußte er in jedem Fall suchen. Dumpf verbrachte er die folgenden Tage. Er merkte kaum etwas von den Vorbereitungen, welche die Mönche für ihre Abreise trafen; er bemerkte auch die Späher nicht, die rings um dieses Kloster Saint Cyr in den Büschen lauerten.

Kaum aber war der Bote angekommen und die Mönchen waren davongezogen, da ertönte ringsum ein Pfeifen: Männer und Frauen stürmten auf dieses Signal hin mit gierigen Gesichtern in die Ställe, Keller und Kammern des Klosters und luden sich auf, was sie fanden. Marcel sah teilnahmslos zu.

«Bist du der Patriot aus Versailles?» wollte ein Bauer wissen. «Ich könnte dich zum Holzhacken brauchen. Du hast doch ohnehin nichts mehr zum Beißen hier.»

Als die Plünderer das Kloster verlassen hatten, war es plötzlich sehr still in den Räumen. Nur Marcels Holzschuhe dröhnten laut. Die Schubladen waren aufgerissen, die Schranktüren hingen schief in den Angeln, die meisten Stühle waren verschwunden, Mehl war über den Steinboden verstreut, die Strohsäcke waren aus den Betten gezerrt. Leinen lag zerfetzt herum. Marcel legte sich auf eine der leeren Pritschen. Vom Dorf herauf schallte Gelächter bis in die Nacht hinein. Dann war plötzlich alles still.

Gegen Morgen wachte Marcel von sonderbaren Geräuschen auf. Es klang wie ein Klappern, ein Meckern und dann wie ein qualvolles Stöhnen. Schließlich die Worte: «Nichts für ungut, Herr Graf!» Dann wieder dieses Klappern, das sich in der Ferne verlor, zusammen mit diesem Meckern. Halb zu sich kommend, dachte Marcel an den Geißbauern aus Les Granges, der einen Bock vor sein Wägelchen spannte, weil er kein Pferd besaß. Aber dieses Bild versank gleich wieder in seinen Träumen.

Am Morgen fand er vor dem Tor einen Blinden, der an Gesicht, Händen und Beinen von so furchtbaren Brandwunden bedeckt war, daß das rohe Fleisch hervorsah. In Fetzen hingen seine Kleider an ihm. So vorsichtig er konnte, hob er den Verwundeten hoch und trug ihn ins Haus. Wer war dieser Verletzte? Wer hatte ihn so zugerichtet?

«Ich habe nichts, womit ich dir helfen könnte, Bürger. Aber ich werde bald etwas haben», sagte Marcel. Von da an verdiente er mit Holzhacken, was er für sich und den Blinden brauchte.

Die brennende Sehnsucht nach den Freunden schob er beiseite. Er fragte nichts, denn jede Bewegung der Lippen war für den Kranken eine Qual. Kaum gelang es Marcel, ihm beim Trinken den Strohhalm in den Mund zu führen. Mit der Zeit lernte er, ihm die Leinenlappen an den Gliedern zu wechseln, ohne daß der Blinde vor Schmerzen schrie. Wenn er sie gewaschen hatte, tauchte er sie in einen Sud von Brennesseln. Vom Bauern bekam er Kartoffeln, die er rieb und sachte über die Wunden strich.

Langsam kam der Winter. Marcel holte die Strohsäcke in die Klosterküche. Eines Abends sprach er beim Feuer von den Freunden: von Pierre, der sie alle für die Revolution begeistert hatte; von René, dem immer quirligen, mit seinem nie versiegenden Optimismus; von Clément, dem Feinfühlig-Besonnenen; von der unverwüstlichen Régine. Von Nicole sprach Marcel nur in knappen Worten. Aber ihr Bild sah er vor sich: schmächtig, hellhäutig, blond. Immer ein wenig ängstlich. Immer bereit, sich einem Stärkeren zu fügen. Sie war ein Mädchen, das beschützt sein wollte. Er sehnte sich Woche für Woche mehr nach den Freunden.

Eines Abends hob der Blinde die gespreizten Hände, und Marcel begriff, daß er wissen wollte, wie alt sie seien.

«Pierre ist neunzehn, Nicole fünfzehn, Clément ist sechzehn, Régine vierzehn. René ist fünfzehn – und ich, ich bin siebzehn.

Außer Pierre sind wir alle aus einem kleinen Dorf. Es heißt Les Granges.»

Er verstand nicht, warum der Blinde bei dem Namen Les Granges einen so furchtbaren Schrei ausstieß. Er sah ja nur den Verletzten in ihm, der nicht reden und nur unter Qualen essen konnte.

Der Winter wurde hart, und es war nicht zu hoffen, daß sie vor Einbruch des Frühjahrs nach Paris aufbrechen konnten. Oft überkam ihn darum eine quälende Unruhe. Er wußte selbst, daß es der Kranke an solchen Tagen nicht gut bei ihm hatte. Wo war Nicole? Und wo waren die anderen?

René

Beim Aufruhr von Versailles war René sehr schnell an die Außenseite des Platzes gedrängt worden. Zuerst hatte er sich verzweifelt gewehrt. Wie ein Teufel hatte er mit den Holzpantinen um sich getreten; aber es hatte ihm nichts genützt. Jemand hatte ihm den Kittel von der Schulter gerissen und war damit in der Menschenmenge verschwunden. «Mein Kittel! Mein Kittel!» hatte er geschrien und versucht, dem Dieb nachzukommen. Oder war da gar kein Dieb? War der Kittel einfach im Gedränge verlorengegangen? Zornig stampfte er mit dem Fuß.

«Was schreist du nach deinem Kittel, Kleiner, jetzt, wo wir den König in unsrer Gewalt haben? Jetzt kriegen wir alle neue Kittel! Pfeif auf den alten!»

Der Mann trug ein blaues Fuhrmannshemd. In der Hand hatte er eine Peitsche. Die Enden seines Schnurrbartes hingen ihm bis auf die Brust. «Laß mich vorbei, damit ich zu meinem Wagen komme! Wenn dieses Weibervolk mit den Königskutschen die Straße nach Paris verstopft, muß ich einen großen Umweg fahren!»

«Nach Paris? – Da will ich auch hin!»

«Hast Geld im Sack, hä?» Der Fuhrmann drückte sich an René vorbei in die nächste Seitenstraße.

René sah niedergeschlagen auf die vorbeiziehenden Menschenmassen. Die Freunde vom Club 89 mußten längst schon wer weiß wo sein; die würde er in diesem Gedränge nicht mehr einholen können. Schon bog er in die Seitenstraße ein.

Da stand ein Planwagen. Der Fuhrmann hatte die Pferde angeschirrt und kletterte auf den Bock.

René schwang sich auf den Wagenbaum und schlüpfte unter die Plane. Der Wagen ruckte an. René fiel auf die Säcke, die da geladen waren. Der Duft von Getreide stieg ihm in die Nase. Daß er die Freunde in Paris wiedersehen würde, war für ihn ohne Zweifel. Sie hatten doch alle dasselbe Ziel: die Revolution! Er knüpfte einen Sack auf und begann zufrieden, Körner zu kauen. Dann schlief er beim Rumpeln des Wagens ein.

Mit einemmal gab es Lärm und Geschrei. Zwischen den Planen drang ein grauer Morgen herein.

René kroch zum Schlitz des Plandaches und spähte hinaus. Da sah er hohe Häuser und Menschen, die zu dieser Tageszeit schon hastig ihren Geschäften nachgingen. Vor einem Café schippte ein Junge, der kaum älter war als René, Unrat in die Mitte der gepflasterten Straße. Eine magere Frau goß einen Kübel schmutziges Wasser aus. Einem Hund, der das Wasser auflecken wollte, gab sie einen Tritt. Ein alter Mann schlief in einer Häuserecke.

War das Paris? René kletterte auf den Wagenbaum hinaus und ließ die Beine baumeln. Vornehme Kutschen ratterten vorbei, in denen übernächtigte Herren saßen. Ihre Haare waren gepudert wie die des Grafen von Les Granges, wenn er hohe Gäste empfing. Sie trugen seidene Schärpen quer über die Brust, buschige Halstücher und enge, glänzende Westchen. Neben ihnen saßen Damen mit aufgetürmten Frisuren. Sahen in Paris die Revolutionäre so aus?

«He!» schrie der Fuhrmann, und noch ehe die Rösser zum Stehen kamen, sprang René auf die Straße. Ein Junge, der vom Wagen gestreift worden war, schrie laut auf. Zeitungen, die er unterm Arm gehabt hatte, lagen zerstreut zwischen den Rädern. Der Fuhrmann kümmerte sich nicht darum. René kroch unter den Wagen, um dem Jungen beim Aufsammeln zu helfen.

«Rühr sie nicht an! Die gehören mir!» schrie der Junge heulend. Mit dem Jackenärmel wischte er den Schmutz von den Blättern. «Für jedes Stück, das ich nicht zurückbringe, muß ich zwei Sols abliefern!»

René begriff, daß er es mit einem Zeitungsausschreier zu tun hatte. «Wer mit Zeitungen umgeht, ist nahe an der Revolution!» rief er aus. «Ein Glücksfall, daß ich dich treffe!»

«O ja!» prahlte der Junge und zog den Rotz in der Nase hoch. «Das kann ich dir versichern! – Und du?»

«Ich suche meine Freunde in Paris», erklärte René etwas kleinlaut.

«Kannst du dich auf sie verlassen?»

René nickte traurig. Wo sollte er sie suchen? Waren sie schon in der Stadt? Würde er sie überhaupt finden in diesem Häusermeer? Ging es ihnen gut? War Clément heil geblieben im Gedränge? Er wußte nicht mehr genau, wie es zugegangen war, als sie auseinandergerissen wurden. Als letzten hatte er Marcel gesehen, sein braunes, gewelltes Haar zwischen den anderen Köpfen. Aber war es ihm nicht so gewesen, als wende Marcel sich um, als dränge er in der Gegenrichtung davon?

Neugierig lief René neben dem Jungen her, während der die Schlagzeilen ausschrie. Ohne Feilschen zahlten die Käufer die zwei geforderten Sols. Manche gaben ein Trinkgeld dazu. René meinte, diese Arbeit sei nicht schlecht; und wenn man das richtige Blatt ausschrie, arbeitete man für die Revolution!

«Kann dein Patron noch einen solchen Zeitungsverkäufer brauchen, wie du einer bist?» fragte René.

Der Junge zuckte mit den Schultern.

Am Abend ging René zum Drucker Tremblay mit, dem Patron des Jungen.

«Merk dir meine Adresse», sagte Monsieur Tremblay, «damit du mich morgen wiederfindest: Rue Saint Denis Nummer elf. Am ersten Tag verdienst du nichts, denn ich will dich erst ausprobieren. Gefällst du mir, magst du auf meinem Dachboden schlafen. Meine Frau wird dann für dich mitkochen.»

◆

René irrte in der Stadt umher. Er sah Lichter in den Fenstern, er roch Gebratenes, wenn er an stattlichen Häusern vorbeikam. Plötzlich stand er am Ufer der Seine, die schwarz dahinflutete und leise schnalzte. Am Ufer raschelten die Ratten. Unter einer Brücke sah er ein schwaches Licht. Eine uralte Frau saß im Schein einer Stallaterne. Vor sich hatte sie ein Brett, auf dem sie kleine Flußsteine hin- und herschob, wobei sie murmelte: «Der König ist matt! Der König ist matt!» War das eine Verrückte? An den Lumpen, die im Brückenwinkel aufgehäuft lagen, sah er, daß sie hier nächtigte. Er schlich um den Lichtkegel herum und legte sich an seinem Rand auf die Steine. Lumpen hatte er nicht. Er besaß überhaupt nichts mehr. Seine ganze Habe hatte auf dem Handwagen gelegen.

Früh am Morgen wachte René auf. Ihm war so kalt geworden, daß er sich kaum bewegen konnte. Ein Schleppkahn fuhr unter der Brücke durch. Der Schiffer warf ihm einen Brocken Brot zu. Es war hart und schimmlig. Sein Gelächter dröhnte von der Wölbung der Brücke wider. Der Lumpenhaufen in der Brückenecke bewegte sich.

René fand Monsieur Tremblays Druckerei wieder. Als er eintrat, sagte der Patron soeben zu einem freundlichen jungen Mann: «Jawohl, Bürger Hébert! Wird gemacht, Monsieur», und verbeugte sich. Aber der Blick dieses Bürgers Hébert war an René hängengeblieben.

«Ist das ein neuer Ausschreier, Bürger Tremblay?»
«Ich fange heute mit ihm an.»
«Dann mach's gut, mein Junge!»
Einen Moment lang spürte René Héberts Hand auf seinem Haar. Dieser Augenblick genügte, sein Herz laut pochen zu lassen. Es war, als habe seine jahrelange Sehnsucht nach einem älteren Bruder sich endlich erfüllt. Mit einem aufmunternden Lächeln wandte sich Monsieur Hébert zum Gehen.
«Das war der Zeitungsmacher Hébert, dessen Blatt ich drucke.»

«Ist er ein Patriot, Monsieur, ein Revolutionär?»

«Sonst würde ich sein Blatt weder drucken noch vertreiben, mein Sohn.»

«Und ich», antwortete René, «ich würde das Blatt eines Konterrevolutionärs auch dann nicht ausschreien, wenn ich am Verhungern wäre!» Sein Magen knurrte laut. Aber als er den Packen Zeitungen entgegennahm, den er verkaufen sollte, war er trotz des Hungers unbeschreiblich froh: Monsieur Hébert war ein Revolutionär, ein Patriot! Lang schaute er diesem feingliedrigen Mann nach, der federnd und leichtfüßig die Straßen entlangging. Könnte er nur den Freunden sagen, daß er, René, bereits anfing, für die Revolution zu arbeiten!

Pierre

Pierre hatte sich in Versailles einem scheuenden Pferd in die Zügel geworfen und war von ihm mitgerissen worden. Als er es endlich hatte beruhigen können, fand er sich an der Spitze der Menschenmenge, knapp hinter den königlichen Kutschen wieder. Zwei singende Frauen hakten ihn unter; und als er zu Atem gekommen war, sang er ihre Lieder mit. Neben der Kutsche des Königs ritt auf einem prächtigen Schimmel der General der Leibgarde La Fayette, der französische Landjunker, der im Befreiungskrieg der Amerikaner für die Menschenrechte gekämpft hatte. Aus Amerika hatte er die Parole *Freiheit und Gleichheit* mitgebracht, die zur Volksverfassung ausgebaut werden würde, sobald der König sie unterschrieb.

An der Einfahrt von Paris salutierten die Wachtposten, und die Menschen, die in den Straßen zusammengelaufen waren, riefen hingerissen: «Vive le roi!» Die königlichen Kutscher kamen nur noch langsam voran.

«Unser König ist bei uns! Er ist in die Arme seines Volkes zurückgekehrt!» riefen die Begeisterten. Sie nahmen die Kutschen in die Mitte und geleiteten sie bis zum Schloß in den Tuilerien, in dem schon Lichter brannten. Inzwischen war tiefe Nacht.

Pierre hatte sich am Zollhaus von Paris von den Frauen losgemacht, um auf die Freunde zu warten, die ganz gewiß ein gutes Stück weiter hinten in der Menge waren. Die eine der Frauen, deren grelle Stimme ihm im Ohr geschmerzt hatte, nannte ihren Namen: Amélie, und gab ihm ihre Adresse: Sapon 4.

«Und wenn du mal nicht weißt wohin, Bürger, dann komm zu uns! Mein Mann hat ein Theater. Vielleicht kann er dich als Logenschließer gebrauchen.»

Pierre setzte sich auf einen Zaun. Jetzt wäre ein Stück Brot, ein Becher Most oder Wasser gut, dachte Pierre. Aber das Bündel war weg. Wo es ihm abhanden gekommen war, wußte er nicht mehr. Hatte es noch auf dem Handwagen gelegen, als er dem Pferd in die Zügel fiel? Dann würde er es ja in Kürze zurückbekommen; denn sehr lang konnte es nicht mehr dauern, bis die Freunde kamen.

Die Reihen zogen sich nun mehr und mehr auseinander. Immer erschöpfter sahen die Nachzügler im Fackelschein der Wachtposten aus und waren immer noch langsamer als die Vorausgehenden. Sie sangen auch nicht mehr. Fast alle hatten ihre Alltagsgesichter wieder. Auf ganz wenigen sah Pierre die Freude dieses Tages. Er dachte an die Frau, die sich Amélie genannt und so laut gesungen hatte. Jetzt war sie wohl daheim. Wie konnte sie nur glauben, daß er Logenschließer werden würde? – Komm zu uns, wenn du mal nicht weißt wohin. – Aber Logenschließer? Er hatte allerdings in den Zeitungen von revolutionären Theaterstücken gelesen, die der Volksaufklärung dienen sollten. Für den Anfang war Logenschließer vielleicht doch nicht so schlecht.

Nun kamen kaum noch Nachzügler an ihm vorbei. Wo blieben die Freunde mit Clément und dem Wagen? Pierre dachte wieder an sein Bündel, in dem Brot war und Speck. Gleich nachher wollte er beides mit Nicole teilen! Sie würde groß und vertrauend zu ihm aufblicken, wie sie es getan hatte, als er die Menschenrechte verlesen hatte. Diesen Blick wollte er am liebsten immer auf sich fühlen.

Plötzlich sah er vor sich, was außerdem noch in dem Bündel war: der silberne Leuchter! Droben, in seiner Kammer bei Onkel Lénot, hatte er das fertig gepackte Bündel unters Bett gestaucht. Beim Gutenachtgruß konnte er dem Alten nicht in die Augen sehen. In der Nacht hatte er es noch einmal hervorgeholt und, ohne es zu öffnen, die Form des Leuchters ertastet.

Jetzt kamen keine Nachzügler mehr, und doch gab Pierre das Warten nicht auf. Erst als der Morgen graute und er elend war vor Hunger und Hoffnungslosigkeit, verließ er seinen Platz auf dem Zaun und fragte sich nach der Sapon durch. Er fand das Haus Nummer 4.

◆

Der Theaterbesitzer lag noch im Bett, als Pierre in die Stube trat. Er warf ihm einen gelangweilten Blick zu. Als er sah, daß Pierre weder verwachsen noch grindig war, nickte er und wälzte sich auf die andere Seite. Madame Amélie gab Pierre zu essen. Eine Magd richtete ihm eine Dachkammer her. Und noch ehe er fertig gegessen hatte, legte ihm Madame Amélie drei Livres neben den Teller. «Damit du dich als Aktiv-Bürger eintragen lassen kannst. Nur ein Aktiv-Bürger hat das Recht zu wählen. Ich setze meine Ehre drein, daß in meinem Hause nur Aktiv-Bürger ein und aus gehen.»

Pierre hatte den Freunden die Sache mit den Aktiv-Bürgern erklärt; Régine war nicht einverstanden damit gewesen, daß man sich das Wahlrecht erkaufen mußte. Drei Livres waren sehr viel Geld.

Am selben Abend noch zeigte man Pierre, wie er vor der Logentür auf dem Hocker zu sitzen hatte, wie er den Theaterbesuchern in die Mäntel helfen sollte, wie man Programme anbot und wie er das Trinkgeld, das er bekommen würde, diskret in der Westentasche verschwinden lassen konnte.

Man nötigte ihn, ein enges graues Westchen anzuziehen, in dem er sich fremd fühlte. Man drückte ihm einen Stoß Programme in die Hand. Als er den Theaterzettel des Monats durchlas, sah er enttäuscht, daß an keinem Tag ein Revolutionsstück gespielt werden sollte.

«Ein Revolutionsstück?» äffte ihn der Prinzipal nach. In letzter Minute war er aufgestanden, hatte sich parfümiert und seine Fülle in einen glänzenden Anzug gezwängt. «Aber gewiß haben wir ein Revolutionsstück in unserm Repertoire, immer bereit, dem Volk zu dienen – wenn es das wünscht!»

Niedergeschlagen setzte Pierre sich auf seinen Hocker. Im Saal begann die Musik. «Wie gut», sagte er zu sich, «daß die Freunde mich so nicht sehen!» Und dann dachte er an jeden einzelnen von ihnen; am meisten an Nicole.

Régine

Mehr als eine Stunde lang war Régine in Versailles von dem Menschenstrom vorangeschoben worden, als es ihr gelang, sich an einem Meilenstein festzuklammern. Hier wartete sie auf die andern. Angestrengt spähend suchte sie zwischen den fremden Gesichtern nach den vertrauten, nach dem Handwagen, nach Clément. Als die letzten vorbeigezogen waren und keine Berittenen mehr folgten, lief sie zurück in der Hoffnung, die Freunde auf dem Platz vor dem Schloß wiederzufinden, an der Stelle, wo sie auseinandergerissen worden waren.

Auf dem Platz waren nur einige Soldaten, die sich mit den herumliegenden Leichen zu schaffen machten. Sie griffen ihnen in die Taschen, zogen ihnen die Stiefel aus, um die Toten dann wie Strohpuppen auf einen Wagen zu werfen und wegzufahren. Régine stand verloren da. Keiner der Freunde war also zurückgekehrt! Was sollte sie tun? Weiter hier stehenbleiben und warten? Oder wieder umkehren? Nach Paris? Während sie noch nachdachte, kamen die Soldaten zurück, die den Wagen vorhin weggefahren hatten. Als sie Régine stehen sahen, rief der eine:

«Die könnten wir drinnen zum Putzen brauchen, die ist stark. «He, Mädchen! Komm mal mit ins Schloß!»

Régine ging hinter ihnen her. Im Schloß gab man ihr einen Eimer mit Seifenbrühe und eine Wurzelbürste. Man führte sie über eine breite Treppe in ein Gemach, wie sie noch keines gesehen hatte, nicht einmal im Schloß von Les Granges. Aber der schöne, sternförmig eingelegte Holzboden war von Unrat, Kot und Blut verdorben. Die seidenen Vorhänge, hinter denen das goldverbrämte Bett stand, waren zerschlissen, die Kissen aufgeschlitzt. Federn flogen umher und sanken wie Schneeflocken nieder. Die rosenfarbene Seidentapete goß ihren Purpurschimmer in den ganzen Raum. Régine stand im Zimmer der Königin, in das die Aufrührer eingedrungen waren.

«Putz den Dreck da weg! Von heute an gehört dieser Saal dem Volk!»

Sie band den Rock hoch, kniete nieder und begann, den Boden zu scheuern. Man ließ sie allein.

Immer wieder sah Régine von ihrer Arbeit auf. Diese goldenen Schnörkel! Diese buntseidenen Vögel! Waren es Pfauen oder Vögel aus dem Paradies? Diese Wandteppiche und zierlichen Möbel. Dieser herrliche Spiegel. Und die langen Vorhänge mit den goldenen Bändern!

Als sie den Boden etwa zur Hälfte gesäubert hatte, hörte sie ein scharrendes Geräusch, dessen Ursache sie nicht erkannte. Kam der Ton aus dem großen Bett? – Aber eben, als sie in das Bett hineinschauen wollte, hörte sie es in der Wand neben dem Bett wieder. An dieser Wand stand ein kleines halbrundes Tischchen. Plötzlich bewegte es sich, und ein türgroßes Teil der Tapetenwand schwenkte in den Raum. Vorsichtig lugte das Gesicht einer alten Dame durch den Spalt. Das Haar hing ihr strähnig auf die Schultern herab. Als sie die Tür weiter öffnete, sah Régine, daß sie eine Perücke in der Hand hielt.

«Was machst du hier?» fragte die Dame, nachdem sie sich umgesehen hatte.

«Das seht Ihr doch, Madame, ich putze.»

«Gehörst du zur Dienerschaft?»

«Die Diener sind weggelaufen, hat man mir drunten gesagt.»

«Wo kommst du her?»

«Aus Les Granges, Madame.»

«Wieso aus Les Granges?» wollte die Dame wissen. Sie schob ihr bauschiges Seidenkleid durch die Tapetentür. «Ist außer dir niemand in diesen Räumen?»

«Ich habe keinen gesehen, Madame.»

«Wieso aus Les Granges?» fragte sie noch einmal, während sie in den Flur hinaushorchte.

«Wir wollten nach Paris, meine Freunde und ich.»
«Was sind das für Freunde?»
«Patrioten, Madame. Freunde der Revolution.»
«Ach so», sagte die Dame und warf Régine einen sonderbaren Blick zu. Sie trat vor den Spiegel und nestelte an ihrem Haar herum, die Perücke setzte sie aber nicht auf.
«Warum trägst du bei der Arbeit dieses Kopftuch, mein Kind? – Ist das bequem?»
«Ich bin es so gewohnt.»
«Alle deine Kleider sind blau. – Liebst du diese Farbe?»
«Blau ist sehr schön, Madame. Es ist meine Lieblingsfarbe.»
«Höre», sagte sie, während sie vorsichtig durchs Fenster sah, «du könntest mir einen Gefallen tun, liebes Kind.»
«Welchen, Madame?»
«Leih mir eine Weile dein Kopftuch.» Sie wartete ein wenig; dann sagte sie: «– und deinen Rock.»
«Und ich?» fragte Régine. Sie stand da, die Bürste in der Hand, und wußte nicht, was sie denken sollte.
«Ich gebe dir meinen Unterrock dafür, der ist blau.» Sie sah Régine aufmerksam an, hob das gelbe Seidenkleid hoch; als Régine noch zögerte, zog sie sie zu einem der Fenstervorhänge. «Dort draußen, siehst du», sagte sie, ohne nahe ans Fenster zu treten, «hinter dem braunen Haus, da warte ich in einer Kutsche auf dich. Dort gebe ich dir den Rock und das Kopftuch zurück. Sprich aber zu keinem Menschen davon! Später erkläre ich dir alles. Ich vertraue dir, du bist eine Patriotin – wie ich!» Dabei lächelte sie nervös.

«Ja, das bin ich!» beteuerte Régine noch einmal, während sie das Kopftuch abnahm.

«Wenn du willst», sagte die Dame, die nun Régines Kopftuch umband, «kannst du mit mir nach Passy fahren. Das ist eine kleine Ortschaft westlich von Paris. Lauter Weinbauern. Ein Schloß ist in der Nähe; aber mit dem haben wir nichts zu tun, gar nichts!» Jetzt hatte sie auch Régines Rock angezogen. Dem Seidenkleid und der wertvollen Perücke, die auf dem Boden lagen, gab sie einen verächtlichen Tritt. «Bring mir die Kleider nachher mit! Willst du?»

Régine merkte, daß sie bei dem Wort «Paris» vor Freude rot geworden war.

♦

Régine fand die Kutsche. Schon war angespannt, und noch ehe sie sich auf das Polster gesetzt hatte, zogen die Pferde an.

Wie weich die Polster waren! Gegenüber saß die Dame und knotete langsam das Kopftuch auf, während sie ihr mit ihren großen dunklen Augen unverwandt ins Gesicht starrte. In der Kutsche war es fast schon dunkel. Nur diese Augen. Wann wird sie mir meinen Rock zurückgeben? dachte Régine. Und als habe die Dame ihre Gedanken gehört, sagte sie: «Es reicht ja, wenn ich dir den Rock in Passy zurückgebe», und sie stopfte das Seidenkleid und die Perücke ins Klappfach über dem Sitz. Régine schlief sofort ein. Passy – – Paris – – Clément – – Nicole – – Marcel – – René – – Pierre –

Als die Kutsche hielt und Régine erwachte, war man an der Vortreppe eines stattlichen Gutshauses angekommen. Diener mit Laternen standen oben an der Brüstung. Eine dicke Frau eilte die Treppe herunter, indem sie immerzu «nein nein nein!» und «Gott sei Dank!» rief. «Liebe gute Madame, keiner von uns hat sich schlafen gelegt, weil Ihr nicht da wart!»

«Du sollst mich Bürgerin Cato nennen, Josepha! – Gib dieser Kleinen da zu essen, und laß sie in der Gesindekammer schlafen. Wenn sie will, kannst du sie als Jungmagd behalten.» Und leise: «Wer weiß, wofür wir sie noch brauchen!»

Régine tappte hinter der Großmagd her in die Gesindestube. Man brachte sie in eine Kammer, in der es einen Strohsack gab.

«Wie heißt die Bürgerin Cato richtig?» fragte Régine. «Es ist ein sonderbarer Name: Cato.» Das Ungewohnte hatte sie aus ihrer Schlaftrunkenheit aufgeweckt.

«Du hast wohl deine Ohren überall?» Die Großmagd warf eine

rauhe Decke über den Strohsack. «Hast du sonst noch was zu fragen?»

«Wie lang geht man von Passy bis nach Paris?» Die Großmagd gab keine Antwort.

Régine ließ sich todmüde auf den Strohsack fallen. Die Bilder des Tages stürzten übereinander und ineinander und verlöschten endlich.

Bei Tagesanbruch wurde sie von der Großmagd geweckt.

«Kannst du Hühner schlachten?»

Régine nickte. Aber statt zu antworten, fragte sie: «Wie lang geht man von Passy nach Paris?»

«Zwei Stunden. – Aber untersteh dich, einfach wegzulaufen! Aus diesem Haus ist noch keiner weggelaufen, der es nicht bitter bereut hätte, das sage ich dir!»

♦

Régine schlachtete Hühner, trug Scheite in die Holztruhe der Küche, Scheite in die Ofenkammern der Zimmer, als wäre sie in Les Granges und dieses Landgut wäre in Wirklichkeit das Schloß des Grafen Anatole. Im Winter mußte sie in allen Öfen Feuer machen. Sie pumpte Wasser, putzte Gemüse, schrubbte Böden, spülte Geschirr. Abends, wenn sie auf ihrem Strohsack lag, dachte sie an die Freunde vom Club 89. Ob sie es gut hatten in Paris? Ob sie von ihr sprachen? Wovon sie wohl lebten? – Und wie hielt sich Clément? An ihn dachte sie am häufigsten. Schweigend tat sie ihre Arbeit, horchte dabei aber mit großen Ohren auf alles, was in diesem Haus gesprochen wurde, und merkte es sich gut. Sie las die Zeitungen, welche die Bürgerin Cato zu Boden fallen ließ, wenn sie sie ausgelesen hatte, und sah, was von ihr mit rotem Stift angestrichen war:

Advokat Robespierre spricht im Park des Palais Royal für die Revolution! – Der Advokat Danton hat den Club der Cordeliers gegründet, der weniger Mitgliedsbeitrag fordert als der Club

der Jakobiner: eine echt revolutionäre Tat! – auch die Journalisten Desmoulins und besonders der Zeitungsschreiber Hébert haben für den Gedanken der Revolution Begeisterung entfacht!

Régine hatte schon einmal bemerkt, wie die Bürgerin Cato nach der Lektüre der Zeitung lächelnd ihren Sekretär hereinklingelte. «Wann haben wir diesem Zeitungsmacher Hébert zum letztenmal eine Spende zukommen lassen?»
«Vor drei Wochen, Bürgerin Cato.»
«Dann wird es wieder Zeit.»

Eines Tages kamen fremde Herren ins Haus, die nicht mit Namen genannt wurden, von denen Régine aber den richtigen Namen der Bürgerin Cato erfuhr. Einer von ihnen nannte ihn versehentlich: Die Bürgerin Cato hieß in Wahrheit Madame de Rochechouart. Sie war eine Adelige.

Nie gab sie Régine die versprochene Erklärung über ihr Verhalten in Versailles. Aber immer, wenn die Rede auf Versailles kam, machte sie ihr irgendein kleines Geschenk. Die Bürgerin Cato hatte eine geschickte Art, Geschenke zu machen. Diejenigen für Régine waren jedesmal blau.

Cléments Tagebuch

17.12.1789
Ich bin in Paris!
Paris hat hohe steinerne Häuser neben ganz kleinen und Menschen über Menschen, die es offenbar alle eilig haben. Die Kutschen rasen tollkühn, kaum eine Handbreit voneinander entfernt, aneinander vorbei. Man hört viel Fluchen und Geschrei. Auf den Straßen liegt so viel Unrat, wie ich in Les Granges nie gesehen habe. – Vielleicht kann man in der Stadt nicht genügend Schweine halten, die die Abfälle fressen. Alles, was ich aufschreibe, will ich Vater Lénot eines Tages zum Lesen geben.

18.12.1789

Das Palais Royal hat die Form eines langgestreckten Rechtecks. Der Park, den es umschließt, ist jetzt von Schnee bedeckt. In seiner Mitte ist auf einer Tonne ein Verschlag. Abbé Fauchet sagt, unter den Latten befinde sich eine kleine Kanone, die aber nur ein Mechaniker-Spielzeug sei. Im Sommer wird sie donnern. Dann fällt nämlich die Sonne um 12 Uhr durch eine Linse genau auf die Zündschnur und setzt sie in Brand. Das Pulver explodiert.

19.12.1789

Unter den Bogengängen, die den Park umziehen und alle zum Palais gehören, gibt es zwischen den Geschäften ein Mechanikergeschäft. Dort werden die Erfindungen der Tüftler ausgestellt.

«Philippe Égalité», sagte Abbé Fauchet, «ist selbst so ein Tüftler. Darum ist er mit dem Doktor Guillotin so eng befreundet, der sich die Kanone ausgedacht hat.»

Ich habe den Herzog von Orléans, also den Bürger Égalité, nur das eine Mal gesehen, als der Abbé mich ihm vorstellte. Mit seiner beringten Hand klopfte er mir den Rücken, während er sich sagen ließ, was ich kann. Er ist ein großer Politiker, der sich für die Revolution einsetzt – für ein freies Volk von Bürgern. Die Freunde sollten mich hier sehen!

20.12.1789

Meinen Strohsack habe ich unter der Treppe, die zum Dachgeschoß hinaufführt. Durch das gegenüberliegende Fenster fällt genügend Licht, daß ich schreiben kann. Abbé Fauchet hat mir versprochen, bald einmal zu kommen, um nach mir zu sehen.

21.12.1789

Mein Arbeitstisch im Sekretariat steht schräg zum Fenster; aber im Sitzen kann ich nicht in den Park sehen, in dem die großen Revolutionäre ihre Reden halten, wenn es wieder wärmer ist. Meine Astgabeln habe ich nahe bei mir.

22.12.1789

Meine Arbeit besteht zunächst darin, Briefe zu falten, zu kleben und zu siegeln. Sie bekommen Nummern, die ich in eine Liste eintragen muß. Die Botenlöhne rechnet der Sekretär ab, der am Nebentisch sitzt. Alles an ihm ist grau: sein Gesicht, sein Haar, seine Kleidung. Über die Ärmel hat er graue Schoner gezogen. Er scheint nicht gern zu lächeln; aber das soll mich nicht stören. Mit solchen Eigenarten soll sich ein wahrer Revolutionär nicht abgeben. Jeder von uns ist anders; und doch sind wir zusammen ein Volk!

Ich sehne mich so nach den Freunden!

Nicole

Es war ein eiskalter Wintertag. Nicole hatte einen Deckelkorb am Arm, aus dem es nach Fisch roch. Sie ging hinter einer grobschlächtigen Frau her quer über den Mirakelhof. Hier im Norden von Paris wohnten die Fischweiber, die Näherinnen, die Hafenarbeiter, die Wäscherinnen und Blumenmädchen. Bettler und falsche Krüppel hatten hier einen Unterschlupf. In düsteren Werkstätten und Läden gingen Kleinhandwerker und Krämer ihren Geschäften nach. Es gab winklige Häuser, schmutzige Hinterhöfe, verwitterte Holzverschläge, aufgetürmtes Gerümpel und gemauerte Löcher, aus denen es grunzte und stank.

Von der Bourbonenstraße her kam ein Reiter. Am Sattel hatte er einen Holzkasten festgemacht. Nicole kannte ihn: Es war Doktor Guillotin, der heute, wie jeden Donnerstag, seine Armenrunde im Mirakelhof machte.

Die Frau blieb stehen. «Also lauf und komm am Abend mit dem leeren Korb zurück, daß mein Mann nichts zu maulen hat!» rief sie Nicole über die Schulter zu. Nicole eilte in Richtung auf die Markthallen davon.

An den Fenstern ringsum waren Frauen und Kinder zu sehen, die auf den Arzt gelauert hatten. Jetzt taten sie so, als seien sie zufällig am Fenster. Einige trällerten das Lied, das man seit einiger Zeit in allen Pariser Straßen hörte:

Als man uns nach Versailles kommen sah, trallala,
zum großen Schloß,
hat die Garde, diese feinen Herren, trallala,
unter dem schönen La Fayette
mit unserm Blut nicht gespart, trallala!
Hat Mus aus uns gemacht.

Wir aber haben unsern König, trallala,
mitgenommen nach Paris,
damit er bei uns ist, trallala,
wenn man die Gesetze macht.
Nie würde er erlauben, trallala,
dieser Gute,
daß man uns Unrecht tut, trallala!

«He, Fisch-Caroline!» rief Doktor Guillotin der Frau zu, die mit Nicole vorhin vorbeigegangen war. «Wer hat euch das beigebracht?»

«Wer uns das beigebracht hat? – Der Hunger, Doktor Guillotin: Wenn man singt, ist der Bauch wenigstens voller Luft!»

«Na ja, na ja», brummte der Doktor. «Ist dein Ausschlag wieder weg?»

Die Frau nahm das Halstuch ab und zeigte ihm einen großen roten Fleck.

«Du wirst doch nicht kratzen, Fisch-Caroline?»

«Was verlangt Ihr von mir, Bürger Guillotin? Ich sage doch auch nicht zu Euch, Ihr sollt nicht trinken, wenn Ihr Durst habt! – Berichtet mir lieber, was Ihr Neues aus der Politik wißt!»

«Die Verfassungsmacher tagen im Reitsaal der Tuilerien.»

«In der Manège? So nahe beim König? – Und worüber tagen sie?»

«Wie kommt es denn überhaupt, daß du um diese Zeit nicht auf dem Markt bist?»

Die Frau kratzte sich verstohlen unter dem Halstuch.

«Ich hab' da eine Kleine, die ist hell im Kopf, kann rechnen und hintergeht mich nicht. – Und eine Patriotin ist sie, kann ich Euch sagen! Daß einem das Herz warm wird!»

«Wo hast du sie her?»

«Aus Versailles, Bürger Guillotin. Der Aufstand hatte eine Menge Gutes!»

Doktor Guillotin wandte sich lachend ab, als ein Zeitungsschreier den Mirakelhof überquerte.

«Sonderblatt! Sonderblatt!» Er schwenkte ein Bündel loser Blätter über dem Kopf.

«So ein kleiner, drahtiger Kerl und viel zu dünn gekleidet für diese Jahreszeit! Gib her!» Der Doktor fing im Stehen an, die Überschriften zu lesen. René stand zähneklappernd vor ihm.

«Ach so, das Geld!» Der Doktor ließ zwei Sols in Renés nicht sehr saubere Hand fallen und dann einen dritten. René dachte, daß der Doktor ein wahrhaft gütiger Mensch sei. Ein echter Bürger der Revolution!

Doktor Guillotin band sein Pferd am Wirtshaus Ecke Bourbonenstraße an. An der Fassade klebte ein Plakat. Der Leim, der noch frisch war, rann zäh die Mauer hinab. Der Doktor las:

Um den reibungslosen Verkauf der eingezogenen Kirchengüter zu ermöglichen, werden Anteile in Papierscheinen zu je 1000 Livres abgegeben. Sie heißen Assignaten. Kauflustige mögen sich auf dem Rathaus melden.

Leute kamen dazu und hörten, was der Doktor vorlas. Ein Mann, der einen schweren Sack auf der Schulter hatte, schrie: «Wer von uns hat denn 1000 Livres unterm Strohsack, daß er sich einen Fetzen aus einem Kirchengut kaufen könnte? – Da seht ihr es», wandte er sich an die Umstehenden, «auch die Verfassungsmacher des Volkes denken nur an die, die ohnehin schon was haben!»

«As-sig-naten», buchstabierte ein anderer den Namen dieser Belege.

«Du kannst damit auch Land von den Adeligen kaufen, die ins Ausland verschwunden sind», sagte ein anderer.

Der Mann mit dem schweren Sack deutete zur Antwort nur auf seinen Hintern und ging wortlos davon.

◆

Nicole hatte inzwischen ihre Fische auf dem Marktstand ausgebreitet. Sie schob die klammen Hände in die Ärmel.

Nun war sie schon ein Vierteljahr bei der Fisch-Caroline. Wenn sie hinter ihrem Verkaufsbrett saß und auf Kunden wartete, glaubte sie, irgendwann einmal würde doch einer vom Club 89 Fische kaufen wollen! Dann würde sie alle wiedersehen! Régine, Clément, René, Pierre – und – und – Marcel! Eine steile Falte bildete sich zwischen ihren Augenbrauen. Sie konnte nicht verstehen, wie es gekommen war, daß sie in Versailles auseinandergerissen worden waren. Sie wußte nur das eine: Sie war gestolpert, hatte den Wagen losgelassen und war zwischen die Holzpantinen eines riesenhaften Mannes gefallen. Sie erinnerte sich an die jähe Angst: Jetzt, jetzt würde man sie tottrampeln! Aber der Mann packte sie mit einer Hand, riß sie hoch und stieß sie der Frau in die Arme, die neben ihm war.

«Da hast du was! Wolltest doch schon immer sowas haben, Frau!» Er hielt sie wohl für ein Kind. Die Frau faßte sie gleich an der Hand und ließ sie nicht mehr los.

Nach einer halben Stunde sahen sie abseits von der Straße ein Wirtshaus.

«Einen hinter die Binde gießen!» jammerte der Mann. «Bin ganz ausgetrocknet von dem verdammten Singen.»

Die Fisch-Caroline drängte sie zum Wirtshaus hin, obwohl sie rief: «Aber ich muß doch nach – ! Aber ich soll doch nicht – !» Das Wehren nützte ihr nichts.

«Hab' ich dir nicht das Leben gerettet?» schrie der Mann.

«Laß ihm seinen Willen!» sagte die Frau begütigend.

Im Wirtshaus zog die Fisch-Caroline sie nahe neben sich auf die Bank. Nicole roch ihren Schweiß, ihren Schmutz und den Gestank der Fische.

«Es dauert ja nicht lang, Kleine!»

Aber dann dauerte es doch lang. Man gab ihr Schnaps zu trinken; und es wurde ihr so schlecht wie noch nie. Die Wirtsstube begann zu schaukeln. Alles drehte sich und verschwamm. Die Geräusche im Raum wurden undeutlich. Nur von Zeit zu Zeit hörte sie den Mann: «Dir habe ich das Leben gerettet, Mädchen!»

Die Frau schlang den Arm um sie und bettete sie in ihren Schoß.

So elend fühlte sich Nicole, daß ihr der Gestank mit einemmal gleichgültig war, wenn man sie nur in diesem Schoß liegen ließ!

Plötzlich mußte sie hemmungslos weinen, denn im Schoß ihrer Mutter hatte sie nie so gelegen; und das hatte sie sich doch immer so sehr gewünscht.

Teil II:
Mai 1790 – Mai 1792

Die Überraschung

Cléments Tagebuch

6.5.1790

Ich schreibe heimlich auf meinem Arbeitstisch. Am Abend lege ich die losen Seiten in mein Heft, die ich tagsüber unter dem Kasten, in dem der Siegellack und das Tintenpulver sind, verstecke. Ich bin so unruhig! Lang kann es nicht mehr dauern, bis die Redner in den Park kommen! Dann werde ich die Freunde wiedersehen! Die werden sich wundern, mich beim leuchtenden Vorbild aller Patrioten zu finden!

7.5.1790

Der graue Untersekretär, der am andern Tisch sitzt, heißt Lecris. Ich kenne keinen anderen Menschen, der so wenig glücklich ist, ohne unglücklich zu sein. Dabei hat er gesunde Glieder!

9.5.1790

Vorhin, als Lecris im Obersekretariat gewesen ist, hat ein Zeitungsausschreier mit Renés Stimme «La Bouche de Fer! – Journal des Abbé Fauchet!» geschrien. Es kann einfach nicht anders sein: Das war René! Ich habe doch gewußt, daß ich sie im Frühling wiedersehen werde. Ich freue mich unheimlich auf den Club 89. Laut kann ich René nicht rufen, sonst hören sie mich im Obersekretariat. Ich muß ein Signal erfinden, das ist alles.

◆

«La Bouche de Fer! La Bouche de Fer! Das Journal des Abbé Fauchet!»

René sah mit Vergnügen, daß die Besitzerin des Mechaniker-Cafés die Gartenstühle vor die Tür stellte. Wenn nachher die Pariser von der Arbeit kommen, dachte er, werden die großen Redner der Revolution auf diese Stühle steigen und versuchen, die Zuhörer von ihr zu überzeugen.

Der Jakobinerclub wird seinen besten Redner schicken: den nervösen Robespierre. – Seit René erfahren hatte, daß Robespierre an den Fingernägeln kaute, hatte er eine besondere Vorliebe für ihn. – Vom Club der Cordeliers wird der dicke Danton kommen. Aber dann wird Hébert auf den Stuhl steigen, der eine Überraschung für die Pariser hat, die bis jetzt nur er, René, kennt!

Der Park füllte sich. Der stotternde Journalist Desmoulins, der die Herzen durch seine Begeisterung so mitreißen konnte, war schon da. Lampen wurden angezündet. «Bürger!» rief Desmoulins, riß ein junges Blatt von einer Kastanie und steckte es vorn auf seinen Hut. «Wi-wir, die Revolutionäre, so-soll-ten unsre pa-patriotische Gesinnung für jedermann si-sichtbar machen! Mit einem Abzeichen! Wir sollten eines erfi-fi-finden!»

Jeder, der revolutionär dachte, riß daraufhin ein Blättchen von der Kastanie und steckte es auf seinen Hut. Madame de Saint-Amaranthe, die Inhaberin des Mechaniker-Cafés, heftete es vorn an ihr glänzendrotes Kleid.

An der Seite von Hébert sah René jetzt Robespierre in den Park kommen, und er trat aufgeregt von einem Fuß auf den andern. Wie lang war er nun schon in Paris und hatte bis heute noch keinen von den großen Politikern reden gehört! Er sah sich suchend um: Müßten die Freunde vom Club 89 nicht zwischen den vielen Menschen zu finden sein? Wenn doch Pierre diesen Abend miterleben würde!

Robespierre stieg auf einen Stuhl. Alles wartete gespannt.

«Habt acht auf die Lauen und Nachlässigen!» rief er laut. «Sie wollen die Macht, die das Volk so schwer errungen hat, an das absolute Königtum zurückgeben! Diese Konterrevolutionäre! Denkt an das, was wir Revolutionäre gewonnen haben: Die Stadtverwaltung von Paris ist zu einem Regierungsapparat des Volkes geworden! Die Bürger der Stadt sind von uns bewaffnet worden! Zehntausend Gewehre, die früher im Arsenal des Königs gelegen haben, sind in eurer Hand! Durch unsre Arbeit sind die Adelsvorrechte aufgehoben worden! – Bürger, haltet diese Errungenschaften fest!»

«Und alles hat der König zugelassen und bestätigt!» rief einer begeistert. «Es lebe der König!»

Robespierre war vom Stuhl gestiegen. Gutmütiges Gelächter kam auf, als sich Danton dem Stuhl näherte. Er war nicht mehr ganz sicher auf den Beinen.

«Kommst wohl von einem Saufgelage bei Philippe Égalité, Dicker?» schrie ein Mann, der nicht gesehen hatte, daß der Herzog selber in den Park gekommen war. Mit Robespierres Hilfe kletterte Danton auf den Stuhl.

«Pariser!» rief Danton gemütlich. «Wenn ihr morgen abend hierherkommt, bin ich nüchtern!»

«Bravo! Bravo!» tönte es aus der Menge.

Danton stieg aber nicht vom Stuhl herunter. «Fünfundzwanzig Millionen Livres, Bürger, soll das Volk für die Verpflegung des Hofstaates aus den Poren schwitzen? – Ich sage: niemals!»

«Niemals!» riefen die Umstehenden. «Das Volk hungert, und die Höflinge fressen sich voll!»

Nun war Hébert auf den Stuhl gestiegen. Er sah neben Danton beinahe schmächtig aus.

«Bürger, wehrt euch mit den Mitteln, die ihr habt! Holt euch, was die Reichen euch wegfressen wollen und können, weil sie das nötige Geld haben, die Wucherpreise zu bezahlen!»

René hörte gespannt zu. Er war stolz auf seinen Patron. Jetzt mußte Hébert mit der Überraschung herausrücken, und dann sollte René die Beine unter den Arm nehmen und vors Tor laufen.

Eine hagere Frau schrie: «Wucherpreise für Lebensmittel! Wir – wir – – wer sind wir denn?»

«Bürger!» rief jetzt Hébert und lächelte fein. «Ich habe einen kennengelernt, der kennt eure Nöte! Der bringt sie in eurer Sprache vor die Ohren des Königs, verlaßt euch drauf!»

«Wen, wen hast du kennengelernt, Hébert? Wer spricht in unsrer Sprache?»

«Er heißt *Père Duchesne!* An jeder Straßenecke werdet ihr ihn auf euerm Heimweg finden. Er nimmt kein Blatt vor den Mund!»

«Es ist eine Zeitung von ihm, wette ich!» rief ein Mann.

«Aber lest genau! Ihr werdet euern Spaß mit meinem *Père Duchesne* haben, das garantiere ich euch – und mehr verrate ich nicht!» Hébert stieg vom Stuhl.

◆

René nahm also die Beine unter den Arm, denn schon drängten die Zuhörer neugierig zum großen Tor hinaus, wo die Zeitungsjungen auf sie warteten. Man riß ihnen die Blätter aus der Hand, warf ihnen die zwei Sols zu, die sie verlangten, und besah lachend das Bild des Vater Duchesne, das auf dem Titelblatt zu sehen war: ein behäbiger Spießbürger mit listigen Äugelchen, der gemütlich seine Tabakspfeife rauchte. Dann machten sie das Zeitungsblatt auf und lasen:

Père Duchesne hat einen Besuch beim König gemacht; Himmel noch mal, ob ihr es glaubt oder nicht.

«Warum, Sire», fragte er ihn, «warum laßt Ihr Euch von Eurer Frau in Sachen dreinreden, die das Volk betreffen? Ich spreche aus Liebe zu Euch, Sire! Seht: Ich habe zu Hause eine, die ist zahm wie ein Lamm. Wenn sie aber anfängt, den Meister zu spielen – verflucht! Dann zeige ich ihr die Zähne!»

Die Leser brachen in brüllendes Gelächter aus. «Er meint die Königin, die Österreicherin. Die sich nicht um unsre Angelegenheiten kümmern soll! Lest weiter! Ja, weiter!»

Da bekam Père Duchesne seinen Riesenzorn: «Wie wäre es, Sire, wenn Ihr dem Wucher mit den Assignaten Einhalt gebieten würdet? Und wie wäre es, Sire, beim Himmel, wenn endlich die Brotpreise festgesetzt würden – auch für Milch und Fleisch, Sire? Sonst holen wir uns, was wir brauchen! Darauf könnt Ihr rechnen, zum Teufel noch mal!»

Lachend wollte sich die Menge schon zerstreuen, als einige Stimmen laut wurden. «Bürger, warum nicht sofort?»

«Warum nicht sofort?» wiederholten andere. «Zum Teufel auch! Sind wir feiger als Père Duchesne?» Und sie zogen davon, um sich über die Läden zu stürzen, in denen überteuerte Lebensmittel verkauft wurden.

Mehr und mehr Menschen schlossen sich ihnen an. Als sie die Markthallen erreicht hatten, waren es sehr viele. Mit dem *Père Duchesne* in der Tasche fühlten sie sich stark – so stark, daß sie nicht nur die Lebensmittel an sich rissen, sondern auch die Läden und Marktstände zerstörten und die Handkarren der Kleinkrämer zerschlugen. Jetzt kam es auf solche Kleinigkeiten nicht mehr an.

René hatte am Tor des Palais Royal alle seine Zeitungen verkauft. Jetzt rannte er in die Rue Saint-Denis Nr. 11 zurück, wo der Drucker Tremblay den *Père Duchesne* an die Ausschreier verteilte.

«Der wievielte Packen ist das jetzt, den ich dir gebe?» fragte er mit schiefgelegtem Kopf.

«Der siebente, Bürger Tremblay», antwortete René der Wahrheit gemäß, «und ich habe Euch jeden einzeln abgerechnet.»

«Das stimmt, mein Junge», sagte der Drucker, rückte sein Arbeitsbuch heran; und als er meinte, René schaue nicht zu ihm hin, trug er den siebenten Packen als den sechsten ein.

«Père Duchesne! Père Duchesne!»

Von den Markthallen her hörte René Geschrei.

«Man stürmt die Läden!»

Er wich zurück. Seit er in Versailles nicht mehr Herr seiner Entschlüsse gewesen war, wollte er nie mehr im Leben Teil einer Masse sein, deren undurchschaubare Gesetze seinen eigenen Willen zunichte machten.

Ein dunkler Tag

Die Menge der Plünderer nahm langsam ab. Es gab nichts mehr zu holen. Die Kaufleute waren verprügelt, die Lebensmittel, um die man sich gestritten hatte, waren auf dem Boden zertrampelt.

Hinter dem umgestürzten Brett, auf dem Nicole am Nachmittag ihre Fische ausgestellt hatte, saß sie auf einem Heringsfaß. Hilflos starrte sie vor sich hin. Jetzt war etwas geschehen, das sie nicht einzuordnen verstand. Gehörte das auch zur Revolution? Oder war es etwas ganz anderes? Unkenntlich und verdorben lagen die Rotaugen aus der Seine auf dem schmierigen Boden. Hier und dort schimmerte eine Schuppe im Morast. Von allen Seiten hörte sie zorniges Fluchen. Manchmal dröhnte ein verzweifelter Fußtritt auf einem Brett.

Die einen gaben die Schuld dem König, die anderen den Stadtvätern, die dritten der Österreicherin, die nichts von Franzosen verstand.

Mit einemmal hörte Nicole dieses Hin und Her nicht mehr. Über den Platz hinweg starrten sie zwei dunkle Augen an. Ein junger Mann stand dort wie herausgelöst aus der erregten Menge. Das trübe Licht der Straßenlaterne behauptete sich langsam gegen die Dämmerung. War das – –? Sie sprang auf.

Jetzt fuhr er sich wie erwachend mit den gespreizten Fingern durchs Haar. Diese Geste kannte sie doch!

«Marcel? Marcel!»

Lang, zerlumpt und mager. Sein Gesicht war fahl. Sie preßte die Hand aufs Herz. War es wirklich Marcel?

Jetzt wandte er sich plötzlich um und verschwand. Ach, wäre es doch Marcel! Und käme er doch zurück! Ein Dreivierteljahr war es jetzt her, seit sie einander verloren hatten. Sahen jetzt alle vom Club 89 so zerlumpt aus? Hatten sie es nicht gut? Wußte er überhaupt, wo die andern waren? Mit Macht sehnte sie sich nach den Freunden. Der Club war ihre Heimat geworden – an jenem Oktobertag, als sie aus Les Granges aufgebrochen waren. Alle waren damals so hoffnungsfroh gewesen!

Warum war er – wenn es Marcel war – nicht zu ihr herübergekommen?

Er hatte sie erkannt, hatte sich abgewandt und war verschwunden. – Weil er barfuß war? Die Armen gingen doch alle barfuß, sobald es wärmer wurde. Sie schonten ihre Holzpantinen. Aber seine Kleider, die waren so – – so – – nicht einfach nur arm. Sie dachte an die wohlhabenden Männer hier in Paris und ihre seidenen Culotten, diese Kniehosen mit Bändern und Schnallen. Und die weißen Seidenstrümpfe dazu!

Die Armen hatten lange Hosen. Sie waren stolz auf ihre langen Hosen und nannten sich Sansculotten. Ein Sansculotte war ein Mann der Arbeit. Zu den langen Hosen brauchte man keine Strümpfe. Die konnte man sich sparen, wenn man ein Sansculotte war. Aber wie ein Sansculotte sah Marcel nicht aus – wenn es Marcel war.

Nicole setzte sich grübelnd auf ihr Heringsfaß zurück, als die Fisch-Caroline laut heulend auf sie zustürzte. Ihr Gesicht war aufgedunsen und verzerrt. Hatte sie daheim mit dem Mann getrunken?

«Da sitzt sie wie ein Ölgötze und läßt sich meine Fische klauen! Du! Du!» Unbeherrscht schlug sie auf Nicole ein. «Komm mir nie mehr unter die Augen, du – du – Hörst du? Laß dich nie mehr blicken! – Da rettet man so einer das Leben, füttert sie und nimmt sie an Kindes Statt an, und dann – und dann –»

Nicole stand schweigend auf. Wie eine Schlafwandlerin ging sie die Straße hinunter. Es paßte alles nicht zusammen: Marcel hatte sie erkannt – und war davongegangen. Die Frau, die sie so mütterlich in den Schoß genommen hatte, hatte sie verprügelt und verstoßen. Es kam ihr vor, als sei sie in ein tiefes schwarzes Loch gefallen. Sie setzte sich auf eine Treppe. In ihr war alles leer.

Marcel lief die Straße hinunter; er lief seinem Kummer davon. Nicole!

Länger, dünner und blasser als vor einem Dreivierteljahr. Der blonde Zopf – wie früher! – Hatte sie es gut? Wem gehörten die Fische, die sie verkaufte? Ihr Aufspringen, als sie ihn sah! Es gab keinen Zweifel: Sie liebte ihn noch. Wußte sie etwas von den anderen? Lebten sie wie Revolutionäre? Nie würden sie ihm verzeihen, daß er sich bis jetzt noch nicht um die Revolution gekümmert hatte! Er konnte ja nichts anderes tun als betteln.

Alles war so anders gekommen! Zuerst durch die Gewalt der Masse, die sie auseinandergerissen hatte, dann war er auf den falschen Weg geraten. Dann hatte er den Blinden in Saint-Cyr gefunden. Er war an den Blinden gebunden. Sie waren beide Bettler, denn er konnte ihn in der großen, fremden Stadt nicht allein lassen, um Arbeit zu suchen – und die Freunde – – und die Revolution!

Schrecklich war ihm der Gedanke – und doch hoffte er darauf, daß eines Tages die Freunde ihn beim Betteln erkennen würden! Er stellte sich dort auf, wo die Straßen am vollsten waren; wo die Professoren und Studenten aus ihren Seminaren kamen. Es waren angehende Ärzte darunter. Worüber sie sprachen, saugte er mit gierigen Ohren ein.

Marcel lief jetzt schneller. Zur Seine hin wurde das Häusergewirr enger. Er bog in die Rue des Tanneurs ein, die zum alten Kai und zum Rathausplatz führt. Wenn er an Nicoles Augen dachte, schluckte er bitter.

«Ich bin vom Hunger geschwächt!», sagte er sich, um sich für sein Selbstmitleid zu rechtfertigen, «sonst würde ich nicht heulen wie eine Memme!»

Zwischen zwei Häusern schlüpfte er in einen Torweg. Von beiden Seiten schoben sich Schuppen und Verschläge in den Durchgang, der im Hintergrund von einem armseligen Häuschen abgeschlossen wurde – eine Lattentür, ein kleines Fenster, ein Innenraum. Die Tür quietschte beim Öffnen laut. Mit einem Krach fiel sie hinter Marcel ins Schloß.

«Du bist's», sagte der Blinde, der sich in der Ecke vom Strohsack aufgerichtet hatte. Mit leeren Augen sah er Marcel entgegen. Sein Gesicht hatte weder Wimpern noch Brauen. Es war von wulstigen Brandnarben entstellt. Der Mund – ein blasser zusammengezogener Schlitz.

«Steh auf, wir gehen!» sagte Marcel. «Wir brauchen noch was zum Essen. Man hat die Hallen gestürmt. Eßbares liegt auf dem Boden.»

«Gestürmt?» wiederholte der Blinde.

«Du hast den Wein nicht getrunken!» sagte Marcel ärgerlich.

«Ich will nicht. Trink du ihn: du brauchst ihn nötiger!»

«Jetzt machen wir dieses Spiel seit drei Tagen!» schrie Marcel außer sich vor Wut. «Wenn wir ein einziges Mal Wein haben, dann machst du mir damit das Leben schwer! – Trink jetzt! Ich befehle es dir!»

Der Blinde tastete nach dem Becher, setzte ihn an die Lippen, schlürfte ein wenig, wobei er einen Teil verschüttete. Dann hob er den Kopf zu Marcel und flüsterte: «Ich kann nicht, Freund, vergib!»

Marcel ergriff den Becher und stürzte den Wein in sich hinein. «Jetzt bist du zufrieden, was?» Er wischte sich den Mund mit dem Ärmel.

Der Blinde nickte. Ein seliges Lächeln verzerrte sein armes Gesicht.

Als er aufgestanden war, überragte er Marcel um einiges. Seine Glieder waren die eines jugendlichen Mannes um dreißig. Die Beine, die unter den Kniehosen hervorschauten, waren mit Lappen umwickelt, durch die es näßte.

«Soll ich dir frische Binden umlegen», fragte Marcel, «ehe wir gehen?»

«Es reicht bis zum Abend.» Der Blinde legte Marcel die Hand auf die Schulter. So verließen sie die Unterkunft.

Sie nahmen denselben Weg, den Marcel vorhin gekommen war. Eine Bubenstimme rief vom Ende der Straße her: «Kauft den *Père*

Duchesne! Er ist ein Sansculotte, der die Wahrheit über die Reichen sagt!»

«Es gibt Hungersnöte», sagte der Blinde im Gehen, «die werden von Politikern für ihre Zwecke gemacht.»

«Aber nicht von Politikern der Revolution!» begehrte Marcel auf. Der Blinde sagte: «Ach.»

«Aus dir spricht nur die Wut», rief Marcel böse, «weil sie deinen Besitz zu Asche verbrannt haben!»

Die Hand auf Marcels Schulter zuckte. Erschrocken sagte Marcel: «Verzeih mir, Anatole!»

Die Hallen lagen verlassen da. Nur streunende Hunde, Ratten und Katzen stießen hier und dort ihre Zähne und Klauen in das unverhoffte Fressen. Auch an Nicoles Stand. Das Verkaufsbrett stand an der Wand; der Hocker, dem ein Bein fehlte, lehnte an den Tischböcken. Marcel faßte alle diese Gegenstände an, als würde er Nicoles Spuren daran finden. Bei einigen anderen Verkaufsständen fand er noch Brauchbares: hier und dort eine Kartoffel, drei Rüben, einen Brocken Käse, an dem schon fremde Zähne genagt hatten.

Auf dem Heimweg kamen sie an Zeitungsjungen vorbei, die sich auf der dunklen Straße prügelten, auf den Boden warfen und ineinander verbissen. Ihre Blätter waren im Straßenkot verstreut.

«Jeder, der den Gänsekiel in die Tinte tunken gelernt hat», sagte der Blinde verächtlich, «meint, er müsse ein Journal herausgeben! Eure Revolution wird mit der Feder und dem Maul gemacht. Die Fäuste, die sie durchsetzen müssen, gehören ganz anderen Leuten!»

Rivalen

Blaugeschlagen lief René von der Keilerei mit den anderen Zeitungsjungen nach Hause. Aber was hieß das schon für ihn: nach Hause! Tremblay, der Drucker, hatte ihm im Dachstuhl einen Winkel zugewiesen, in dem er schlafen konnte. Mit großer Geste hatte er ihm einen Strohsack überlassen, den er «Matratze» nannte. Ein Nest von Flöhen! Lieber schlief René auf einem Papierstapel auf dem Dachboden. Aber das ging nur, wenn er die Nacht über dalag wie ein Toter. Bewegte er sich, sah man am Morgen die Falten im Papier.

Auf dem Heimweg kühlte er sein geschwollenes Auge an jedem Brunnen. Elegante Herren ritten vorüber auf dem Weg in die Clubs, unter ihnen der Abgeordnete Robespierre. Wie immer trug er eine Blume im Knopfloch. Sein Halstuch war so unnachahmlich geknüpft! Seine Spitzenmanschetten fielen so weich wie Schaum aus den engen Ärmeln auf die schmalen Hände! Wie alle Leute, die auf sich hielten, hatte er sein Haar gepudert; und der Barbier hatte die Enden mit der Brennschere eingerollt. Seine Kniehosen waren aus dunkler Seide. Obwohl er von den Revolutionären der eifrigste war, wenn man den Arzt Marat nicht bedachte, trug er sich doch niemals wie die Sansculotten, sondern kleidete sich immer nach der Mode der Königszeit, mit Kniehosen.

Im Club der Jakobiner hatte er das Sagen. In diesem Club waren nur hochgestellte Persönlichkeiten oder Männer der Nationalversammlung zugelassen. René schaute ihm nach, wie er auf der Straße aus dem einen Lichtkegel verschwand und im nächsten wieder auftauchte. Neben ihm ritt der immer vergnügte Danton. Sein Lachen stieg wie aus einem Erdbeben auf, das im Innern seines massigen Leibes stattfand.

René merkte, daß Stirn und Wange trotz des vielen kalten

Wassers anschwollen. Das Auge war auch nicht in Ordnung. Aber was war schon dabei, daß es ihm weh tat – höllisch weh sogar! Ein Patriot mußte Schmerzen aushalten können, sonst war er unbrauchbar!

Ohne Madame Tremblays tägliche Bohnensuppe gegessen zu haben, kroch er auf den Dachboden und legte sich auf den höchsten Stapel unbedruckten Zeitungspapiers. Am nächsten Morgen quoll ein blauroter Sack aus seinem Gesicht, wo vorher das Auge gewesen war. Der Schädel brummte. Als René versuchte aufzustehen, war ihm sehr schwindelig. Mühsam tastete er sich in Madame Tremblays Küche, schob sich wortlos hinter den Tisch auf die Bank, löffelte die Grütze und schlürfte den Erbsensud. Ganz aus Versehen stieß er an den Becher. Der Erbsensud schwappte auf den Tisch. Genau solch eine Pfütze hatte er am letzten Morgen in Les Granges auf den Küchentisch gemacht – aus Aufregung, schlechtem Gewissen und Reisefieber.

Liebe Mutter, hatte er auf den Zettel geschrieben, der vom Erbsensud braun und naß geworden war, ich bin auf dem Weg nach Paris, um die Revolution kennenzulernen. Weine nicht. Dein Sohn geht nicht vor die Hunde. Es lebe die Nation!

Den Zettel sollte sie finden, wenn sie vom Auswärts-Nähen zurückkäme. Jetzt, in Madame Tremblays Küche, fiel ihm zum erstenmal ein, daß er seiner Mutter nie geschrieben hatte. Aber er war ja auch noch nichts Großes in der Politik geworden! Er war nur ein kleiner Revolutionär.

René schob den Becher seufzend von sich. Das Seufzen war ganz unbewußt geschehen. Jetzt, wo er etwas im Magen hatte, war ihm viel besser als beim Aufstehen. Er war auch nicht mehr so schwindelig. Drüben in der Druckerei nahm er mit Haltung den ersten Zeitungspacken entgegen; und Monsieur Tremblay machte einen Kreidestrich auf der Schiefertafel hinter Renés Namen.

Als René die erste Seite des *Père Duchesne* las, erhellte sich sein zerschlagenes Gesicht. Da stand:

Sansculotten! Père Duchesne hat was zum Lachen! Der dokternde Journalist Marat bellt wie ein Hund! Er soll sich lieber seinen Patienten widmen als Politik machen! Ha ha ha!

«Ha ha ha!» rief auch René aufgeheitert. «Die Zeitungsjungen von Marat haben mich gestern abend verprügelt; aber ich habe ihnen den Volksfreund in den Dreck gestampft!»

«Hast du *davon* die Pflaume im Gesicht?»

«Allerdings.»

«Na, dann komm her!» Der Drucker drückte ihm mit königlicher Gebärde einen Sol in die Hand.

René lief ein wenig langsamer als sonst und rief sein «Père Duchesne!» leiser als sonst. Er rannte in die Rue Saint-Honoré und schlüpfte durchs große Tor in den Park des Palais Royal. Die Läden, Restaurants, Spielsäle und Madame de Saint-Amaranthes Mechaniker-Café, die ringsum hinter den Bogengängen lagen, waren noch geschlossen. Aber die Türsteher in den oberen Stockwerken, wo die Lesezimmer der Clubs waren, ließen ihn gutmütig lachend ein.

In jedem dieser Säle warf René ein Bündel Zeitungen auf den Tresen, sehr zufrieden, daß er der erste war. Man würde sich auch heute wieder vom *Père Duchesne* vorinformieren lassen, wie es Monsieur Hébert haben wollte! René rieb sich die Hände. Er war sehr stolz darauf, daß er für den *Père Duchesne* arbeiten konnte.

Als er in den Park hinunterkam, stellten die Cafés ihre Gartenstühle heraus. Die Kellner sahen zum Himmel und schüttelten zweifelnd den Kopf. Aber die Menschen, die in den Park kamen, achteten das Wetter gering. In ihrer Mitte hatten sie einen Priester, in dem René Abbé Fauchet erkannte. Sie schoben ihm einen Stuhl zu, und der Abbé stieg hinauf. Mit einem umfassenden Blick schaute er über die Menschen.

Bescheiden lächelte er, als er «Meine lieben Bürger!» sagte.

Meine lieben Bürger! Der Fanatismus ist der größte Dreschflegel der Menschheit: Man muß ihn ausrotten! Die Freiheit ist mit dieser brutalen Verknechtung der eigenen Gedanken nicht zu vereinen, die den Haß verherrlicht!

Nach diesen Worten machte er eine kleine Pause.

Meine Brüder! fuhr er dann fort. **Ich will euch aufrütteln: Die Brüderlichkeit verbietet viele Dinge, welche die Verfassung euch erlaubt!**

René sah, wie einige Zuhörer von einem Fuß auf den anderen traten. Hatte der Abbé sie gemeint? Oder meinte er nur ganz allgemein die Plünderer vom gestrigen Abend? Oder meinte er etwas ganz anderes – was nur er kommen sah?

Jetzt stieg er vom Stuhl herunter; und die Gesichter der Zuhörer entspannten sich. René sah ihm nach, wie er mit großen Schritten zum Tor ging. Auf halbem Weg winkte der Abbé zu einem Fenster der herzoglichen Schreibstuben hinauf, an dem der Haarschopf eines Jungen zu sehen war.

Ein Fest für andere

«Heute ist der vierzehnte Juli neunzig!» murmelte Régine, aber sie schaffte es noch nicht, die Augen zu öffnen, «der erste Geburtstag der Revolution! Der erste Jahrestag des Sturmes auf die Bastille!»

Wie gern wäre sie heute jenseits der Seine, drüben auf dem großen Marsfeld, wo dieses Fest von der ganzen Nation gefeiert werden sollte! Aber daran war nicht zu denken. Sie stand auf und half der Obermagd die Frühstückstafel richten.

Später sah sie der Kutsche nach, in der die Bürgerin Cato mit einem Herrn zum Fest fuhr, den sie «mein lieber de Batz» nannte. Er war ein mittelgroßer, wendiger Mann mit einem gescheiten Gesicht, der sich hie und da in diesem Landgut mit den Herren traf, deren Namen nicht genannt wurden. Er blieb dann zwei, drei Tage, sprach geheimnisvoll mit ihnen – und verschwand wieder. Auch die Herren verschwanden wieder, man wußte nicht wohin. Allerdings hatten die Stubenmädchen und Kammerdiener aus der einen oder anderen fremden Westentasche vergessene Postbillets herausgebürstet, die in Belgien, Holland oder auch in Deutschland gestempelt waren.

«Emigranten!» sagten sie zueinander hinter vorgehaltener Hand. Des Landes verbannte Konterrevolutionäre, Adelige, die der Volksverfassung nicht trauten! Heimlich waren sie wieder hier, um Gelder aus ihren verlassenen Besitzungen zu erheben. Das alles waren Gerüchte.

Auch Feste gab es auf dem Gut. Zu denen wurde der große Danton eingeladen oder der elegante Hébert, dessen *Père Duchesne* die Bürgerin Cato mit ihrem Geld unterstützte. Auffallend war nur, daß die Männer der Revolution hier im Haus niemals mit jenen Männern zusammentrafen, deren Namen man nicht nannte.

Während Régine an diesem Morgen im Hinterhof ein Huhn

rupfte, ging ihr das alles durch den Sinn. Von jenseits der Seine dröhnte ein Kanonenschuß herüber, dem zwei weitere Böllerschläge folgten. Das große Geburtstagsfest hatte begonnen, zu dem Madame mit dem «lieben de Batz» am Morgen aufgebrochen war.

◆

Monsieur de Batz ließ die Kutsche so nah wie möglich an dem riesigen Marsfeld halten.

In der Mitte des Marsfeldes ragte ein Stufenberg empor, der den «Altar des Vaterlandes» trug. Schon brannten die Siegesfeuer in den Schalen. Jetzt marschierten die Nationalgarden der dreiundachtzig neuen französischen Departements auf. Bunt flatterten ihre Fahnen. Marschmusik wurde geschmettert. Das Riesenfeld war ein einziges Rauschen und Tönen. Für die königliche Familie war eine Extratribüne errichtet worden. Vor ihr hielt Generalissimus La Fayette seinen rassigen Schimmel am kurzen Zügel, die Leibgarde im Rücken.

Jetzt endete die Marschmusik. «Es lebe der König!» rief La Fayette. Und aus der begeisterten Menge tönte das «Vive le roi!» vieltausendstimmig zurück.

«Es lebe die Nation!»

Hüte und bunte Bänder wurden geschwenkt.

«Es lebe die Freiheit!»

Die Menge tobte hingerissen. Ja, ja! In einem einzigen Jahr war sie errungen worden: die Freiheit des Bürgers vom Joch des absoluten Königtums! – Erzwungen! Aber dann doch gewährt und besiegelt vom König! Er hatte sich dem Willen des Volkes gebeugt und die Verfassung anerkannt, die allerdings noch im Entstehen war. Er war selber der Hüter der Freiheit geworden! «Vive le roi!»

Der Bischof von Autun stieg die Altarstufen hinauf und las die Messe. Am Ende hob er die Schwurhand und leistete den Bürgereid:

Treue der Nation! Treue dem Gesetz! Treue dem König!

Der neueste Artikel der Verfassung wurde feierlich verlesen:
Die französische Nation verzichtet auf jede Art von Eroberungskrieg! Niemals wird sie gegen die Freiheit eines anderen Volkes vorgehen!
Bürger, wir verkünden euch ewigen Frieden!

Trommelwirbel prasselten. Lieder wurden angestimmt. Madame de Rochechouart und Monsieur de Batz suchten den Ausgang und bestiegen ihre Kutsche.

Auf beiden Seiten der Straße warteten Bettler. Die sogenannten Passiv-Bürger hatten am Fest der Eintracht nicht teilgenommen.

«Habt Ihr eine Börse dabei, lieber de Batz?»

«Aber, meine Beste! Könnt Ihr Euch einen Bankier ohne Börse vorstellen?» Er warf eine Handvoll Münzen aus dem Fenster.

◆

Régine hatte beim Rupfen der Hühner von jenseits der Seine die Marschmusik und die begeisterten Ausrufe gehört: Es lebe der König! Es lebe die Nation! Es lebe die Freiheit! Und sie war vom Jubel genauso hingerissen worden wie die Teilnehmer des Festes. Sie mußte an sich halten, um nicht aufzuspringen, davonzulaufen, um dort, wo alle waren, dabeizusein! Einfach weglaufen wollte sie hier, wo alles so undurchsichtig war! – Aber dann ließ sie es doch, wenngleich sie damit rechnete, daß die anderen vom Club 89 jetzt drüben auf dem Festplatz waren und vielleicht an sie dachten!

Ja, undurchsichtig war alles in diesem Haus! – Und die Wachen, die man unauffällig um dieses Passy herum aufgestellt hatte, wie in der Dienerschaft gemunkelt wurde! Waren es Spitzel, die der «liebe de Batz» bezahlte? Waren es Spione, die von der Bürgerin Cato unterhalten wurden? Waren es gedungene Aufpasser, die heimlich bewaffnet waren? Genaues wußte keiner. Aber warum hatte man die kleine Marie weiter unten aus der Seine gefischt, als sie aus Heimweh weggelaufen war? Die Obermagd wurde mürrisch und barsch, wenn einer auf diese Sache zu sprechen kam. Das alles hatte Régines Aufmerksamkeit geschärft. Das alles hatte aber auch ihre Schweigsamkeit verstärkt. Die andern waren es schon so gewohnt, daß sie das Wort gar nicht mehr an sie richteten.

Mit einemmal war ihr der Gedanke gekommen, ob es für eine Revolutionärin nicht wichtiger wäre, Augen und Ohren weit aufzumachen als auf einem Fest «Es lebe die Freiheit!» zu schreien.

Sie hatte die gerupften Hühner in den Korb geworfen und sich die Flaumfedern vom verschwitzten Gesicht gewischt, hatte den Korb gepackt und war mit großen Schritten ins Haus gegangen. Eines Tages, wenn es ihr gelingen würde, hier wegzukommen, könnte sie den Freunden vielleicht wichtige Dinge erzählen!

Die Austrägerin

Nicole hatte in jener Nacht lange auf den Stufen der Treppe gesessen; keiner, der vorüberging, hatte sich um sie gekümmert. Keinen von ihnen hatte sie wirklich wahrgenommen, so sehr war sie in ihrem Alleinsein eingemauert. Sie war tief unglücklich in ihrer Hilflosigkeit.

Endlich, als es gegen Morgen kühl wurde, stand sie auf und ging ohne Ziel davon. Langsam belebten sich die Straßen. Die Landleute kamen mit Fuhrwerken in die Stadt, um ihr Gemüse zu verkaufen. Betrunkene torkelten nach Hause. Die Laternenanzünder löschten die Lichter. Die Wasserträger schleppten ihre Joche. Aus den Fenstern drang das Kreischen von Kindern.

Nicole ging weiter und weiter, bis zur Seine. Das Wasser floß bleiern im Morgengrauen dahin. Kähne schoben sich an ihren Augen vorbei und verschwanden unter der Brücke. Die ersten Fischweiber liefen schwatzend zum Kai, um den Fang entgegenzunehmen, den die Männer in der Nacht gemacht hatten.

Nicoles Blick wurde von einem schwachen Lichtpunkt festgehalten, der im Dunkeln unter der Brücke glomm. Er zog sie an. Was konnte das für ein Funken sein? Wer hatte ihn angezündet? Im Näherkommen sah sie eine kleine Laterne. Auf den Steinen lagen verblichene Knochen, die irgendwer abgenagt hatte. Sie sah ein Häufchen Nußschalen und den Rest eines Weidenkorbes. In der Ecke war ein Lumpenhaufen. Nicole setzte sich neben die Laterne auf den Boden. Da lag ein kleines Brett, das wie ein Schachbrett eingeteilt war. Die Felder waren verkratzt.

Ein Schiffer fuhr vorbei. Als er Nicole sah, rief er vergnügt: «He, Kleine! Komm zu uns herein; da hast du es besser als bei deiner Großmutter!»

Kurze Zeit danach kam ein anderer Kahn. Auch dieser Schiffer hatte etwas zu rufen: «Hast wohl deine Großmutter unter der Brücke abgelöst, Mädchen?»

Was war das nur mit der Großmutter?

Oben auf der Brücke hatte das lebendige Treiben angefangen. Räder rasselten, Peitschen knallten, Fuhrleute fluchten, Menschen rannten. Ein Postillon blies ins Horn. Draußen schien die Sonne jetzt aufs Wasser, daß es glitzerte.

Plötzlich rollte etwas Rotes die Böschung herunter, und Kinderstimmen schrien: «Der Ball! Der Ball!» Ohne nachzudenken, sprang Nicole auf, um den Ball abzufangen. Der Ball hüpfte ins Wasser.

Fast gleichzeitig stürzte ein etwa zweijähriges Kind die Böschung hinunter. Die Mutter, die oben stand, zeterte aufgeregt. Es war klar, daß das Kind ins Wasser fallen würde. «Mein Ball! Mein Ball!» heulte es.

Nicole fing den Kleinen auf, der um sich schlug, biß und kratzte. «Du! – Du hast meinen Ball wegschwimmen lassen! – Du Böse!»

Dann kam die Mutter mit drei größeren Kindern; sie packte den Kleinen, gab ihm eine Ohrfeige und sagte zu Nicole:

«Wie du so schnell bei der Hand warst!» Und während sie das Kind die Böschung hinaufzog, rief sie über die Schulter zurück: «Ich könnte einen Aufpasser für meine Kinder brauchen – und eine Botengängerin. – Hä?»

Als Nicole nicht antwortete, rief sie: «Na, mach dich nur nicht so kostbar! Wirst schon Hunger kriegen! Dann kommst du gekrochen. Bei mir bekommst du immer was. Merk dir: Rue du Fouar, und frag nach der Austrägerin!»

«Du Böse!» schrie der Kleine wieder und spuckte. Die Frau zerrte die Kinder hinter sich her.

Nicole ging zu der kleinen Laterne zurück. Wer hatte sie angezündet? Die kümmerliche Flamme war am Verlöschen. Der Docht legte sich auf die Seite. Jetzt glomm nur noch ein winziger Funken. Ein Kahn fuhr vorbei.

Was war das mit der Großmutter gewesen? Ach, vielleicht war es nur ein Scherz. Nicole wurde müde. Sie merkte, daß sie die Nacht nicht geschlafen hatte. Hätte sie nur den Strohsack hier, den sie bei der Fisch-Caroline gehabt hatte! Wenn sie noch bei der Fisch-Caroline wäre, würde sie jetzt auf den Markt gehen und Fische anbieten. Sie hätte die Nacht auf einem Strohsack liegen können. Die Steine hier waren so hart.

Aber dort in der Ecke lag doch ein Haufen Lumpen? Noch einmal stand sie auf. Als sie aber einen von den Lumpen aufgehoben hatte, fuhr sie entsetzt zurück: «Die Großmutter!» Strähnige Haare hingen in das blasse, alte Gesicht. Die Großmutter war tot.

Nicole ließ die Lumpen fallen und lief schluchzend die Böschung hinauf. Auf der Straße prallte sie mit einem Wasserträger zusammen. Ein Schwall aus seiner Bütte traf sie. Der Wasserträger schimpfte keuchend. Dann sah sie die Austrägerin mit ihren Kindern zurückkommen. Die Kinder deuteten mit Fingern auf sie und riefen: «Die Böse!» Der Kleine jammerte wieder nach seinem Ball.

«Na also!» sagte die Austrägerin. «Bist doch noch schlau geworden, was?» Nicole tappte hinter ihnen her.

Noch am selben Vormittag schickte die Austrägerin Nicole mit einem Postpaket, das in groben Stoff eingenäht war, in die Rue Saint-Honoré. Adressiert war es an den Bürger Robespierre im Hause des Schreiners Duplay.

◆

In der Werkstatt kreischte eine Säge; es wurde gehämmert. Nahe der Tür hobelte ein älterer Mann an einem Brett. In seinem Bart hingen Späne. Als er Nicole eintreten sah, legte er den Hobel beiseite, wobei er rasch auf die Klinge blies.

«Die Austrägerin kommt heute wohl nicht selbst?»

Aber noch ehe Nicole etwas antworten konnte, war Robespierre die Treppe heruntergesprungen und in die Werkstatt gekommen.

«Endlich das erwartete Paket!» Er suchte die Geldbörse hervor, um ihr den Botenlohn zu bezahlen.

Das also war Robespierre, der die Volksverfassung mit erarbeitete! Das war der Vorstand des Jakobinerclubs – so wie Pierre der Vorstand des Clubs 89 war! Wie jung er noch war! Kaum über dreißig! Und so elegant! Nicole konnte keinen Blick von dem Mann wenden, der gar nicht aussah wie ein Revolutionär. Das wollte sie den Freunden erzählen, daß sie ihn so aus der Nähe gesehen hatte!

«Bist du bei der Austrägerin im Dienst?» fragte er. Und als Nicole nickte, sagte er: «Es ist ganz gleichgültig, wie groß oder klein die Arbeit ist, die man für die Revolution tut, wenn man sie nur ordentlich macht! Und wenn du weiterhin bei der Austrägerin Dienst tust, dann bitte ich dich, besonders darauf zu achten, daß diese Art von Paketen, die an mich adressiert sind, nicht eine einzige Stunde lang bei euch liegenbleiben! Jeden Monat erwarte ich ein solches.»

Nicoles Herz schlug bis zum Hals hinauf. Mit einemmal war sie wichtig für die Revolution! Wie hatte sich ihr Schicksal geändert!

Auf dem Heimweg rechnete sie sich aus, wie oft sie solch ein Paket zu Robespierre würde bringen dürfen: im August, im September, im Oktober! Aber für das Austragen im November brauchte sie wohl Holzpantinen. Wer weiß, wann in diesem Jahr der Winter kommen würde. «Jetzt müßten mir die Freunde begegnen!» murmelte sie.

Hinter ihr gingen zwei Frauen, die über die gestiegenen Preise klagten.

«Es wird Zeit, daß die Verfassungsmacher mit ihrer Arbeit fertig werden, dann wird doch hoffentlich alles besser!»

Nicole dachte, da gebe es überhaupt keinen Zweifel.

Teufel, ja!

Zur selben Zeit saß die Fisch-Caroline hinter ihrem Verkaufsbrett auf dem Markt. Doktor Guillotin kam vorbei.

«Nimm das Halstuch ab, Fisch-Caroline!» Als er dann die große rote Fläche sah, die zerkratzt war wie nie zuvor, sagte er: «Ich hätte es mir denken können!»

«Nichts hättet Ihr Euch denken können, Bürger Guillotin! Stehe ich doch wieder allein auf dem Markt, weil die Göre nicht mehr da ist!»

«Hast sie wohl vergrault?»

«Teufel, ja. – Was hat sie auch zu dulden, daß man meine Fische klaut!»

Der Doktor lachte.

Die Straße herauf kam ein Zeitungsjunge. *«Père Duchesne! Père Duchesne!»*

«So, du!» rief der Doktor, der René wiedererkannte. «Du bist aber gewachsen!»

«Ich habe eine Neuigkeit, Doktor Guillotin.» René streckte ihm die offene Hand hin.

«Wenn sie was taugt, gebe ich dir einen Sol, mein Sohn.»

«Ich habe den Drucker Tremblay des Betrugs überführt», brüstete sich René. «Betrug ist eines Revolutionärs nicht würdig!»

«Und dann?»

«Dann hat Monsieur Hébert eine eigene Druckerei aufgemacht, drüben im Mirakelhof. Oben ist eine Wohnung drin, da zieht Monsieur Hébert nächstens ein, wenn er verheiratet ist.» Renés Stimme klang sehr stolz.

«Und wo wohnst du?»

«In der Druckerei. Da habe ich eine gemütliche Ecke. Da ist auch ein Ofen, auf dem ich mir ein Ei braten kann, wenn ich eines habe.»

«Aha», sagte Doktor Guillotin und ließ einen Sol in Renés Hand fallen.

Cléments Tagebuch

3. Februar 1791

Der Obersekretär zählt mir neuerdings das Papier vor. Ich kann für mich nur noch den zerknüllten Abfall aus dem Papierkorb nehmen. Nichts vom Club 89. Werden mich die Freunde jemals finden? Der Winter kriecht auch so langsam dahin in diesem Jahr. Wenn ich noch lang hier eingesperrt sein werde, bekomme ich eine Krankheit. Ich sehne mich unbeschreiblich nach Les Granges. Die Rinde der Weiden, die am Bach stehen, leuchtet gewiß schon verheißungsvoll!

10. Februar 1791

In den Zeitungen steht, daß man viele Pfarrer verjagt hat, die den Bürgereid nicht leisten wollten. Vater Lénot hat man bestimmt nicht verjagt. Die Leute sind seine Güte gewohnt – und seinen Starrsinn. (Das wird er eines Tages lesen und vielleicht empört sein!)

Den Herzog Égalité sehe ich nie. Er spricht mit den Obersekretären. Dann klingt sein Gelächter zu uns herüber. Er spricht aber auch leise mit ihnen. Dann trifft mich ein stumpfer Blick aus Lecris' grauem Gesicht. Ich erwidre ihn nicht, weil ich nicht weiß, was er zu bedeuten hat. Wir sprechen nie miteinander.

10. März 1791

Der Diener, der morgens Feuer machen muß, hat eine von meinen Astgabeln eingeschürt, die mir ohnehin zu kurz geworden sind. Ob er es aus Bosheit oder Aufräumungstrieb getan hat, weiß ich nicht. An die andere habe ich einen bunten Lappen gebunden. Wenn ich René drunten höre, wie er den Père Duchesne ausschreit, werde ich die Astgabel sehr weit hinaushalten!

13. März 1791

Gestern habe ich etwas Sonderbares gehört. Lecris war nicht da, und ich hatte das Fenster geöffnet. Auch im Geheimsekretariat des Herzogs, das noch hinter dem Obersekretariat liegt, war das Fenster offen. Der dicke Danton war bei Philippe Égalité. «Mit unserm Geld! Mit unserm Geld», schrie er, «hat diese Österreicherin im Ausland ein Heer aus Emigranten anwerben lassen!»
«Was willst du, Freund?» rief der Herzog gutgelaunt. «Was kann uns Besseres geschehen, als daß diese Gans von einer Königin ihren Mann unmöglich macht?»
Sie lachten beide brüllend. Was für ein Interesse hat der Herzog daran, daß der König unmöglich gemacht wird? Er ist doch sein Vetter!

12. April 1791

Die Pariser haben den König daran gehindert, Ostern auf dem Land zu verbringen. Als die königliche Familie die Kutsche bestieg, hat Danton die Sturmglocken läuten lassen, so daß die Bürgerwehr zusammengelaufen ist. Der König mußte umkehren. Hat Danton dem Herzog zuliebe den König unmöglich gemacht?

Die radikalen Revolutionsblätter, die der Schreibgehilfe heute morgen auf unsern Tisch geworfen hat, sagen alle, man sollte eine Republik haben, dann bräuchte man überhaupt keinen König – und schon gar keine Königin. Ob ich das gut finden soll, weiß ich noch nicht. Ich will darüber nachdenken. Pierre fehlt mir bei solchen Fragen.

1. Mai 1791

Eben hat man drunten vor dem Mechaniker-Café die Gartenstühle aufgestellt! Jetzt geht es bald wieder los – und vielleicht höre ich René. Die Astgabel steht bereit. Ich kann es kaum erwarten.

24. Mai 1791

Heute war ein unheimlich heißer Tag. Am Vormittag war die Inhaberin des Mechaniker-Cafés im Sekretariat, um die Miete fürs Café zu bezahlen. Sie ist eine sehr freundliche Dame. Sie hatte ein rot glänzendes Kleid an. Es gefiel mir sehr gut.

25. Mai 1791

Es ist etwas sehr Seltsames geschehen! *Und ich muß diesen Bericht unter meinem Strohsack gut verstecken! Besser vielleicht sogar im Strohsack!*

Ein Sonnenstrahl fiel am frühen Nachmittag durchs Fenster auf einen von den herzoglichen Briefen, die ich zu falten und zu siegeln habe. Der Brief lag etwa eine Viertelstunde in der Sonne. Als ich eben nach ihm greifen wollte, fiel mir etwas auf: Zwischen den großen Zeilenabständen tauchte blaß eine andere Schrift auf, die vorher nicht zu sehen gewesen war. Schon immer habe ich mich gewundert, daß der Herzog an die vielen Briefempfänger in den Provinzen so nebensächliche Dinge schreibt, die sie aus den Tageszeitungen – wenn auch ein paar Tage später – selber erfahren könnten. Gestern waren es 54 solcher Briefe. Sie kommen zum Falten und Siegeln zu mir, weil ich die Botenlöhne zusammenrechnen muß.

Ich habe die Worte «Günstige Gelegenheit abwarten» und «Regent» und «Thron» lesen können. Auch das Wort «Revolution» war da, wenn auch nur schwach zu sehen. Ich weiß ja von dir, Pierre, daß es eine Geheimtinte gibt, die man sympathetische Tinte nennt. Wenn ich dir eines Tages meine Notizen zeigen werde, mußt du mir Genaueres darüber sagen! Aber begreifst du, daß der Revolutionär Égalité Geheimtinte benutzen muß, wenn er seinen Freunden in der Provinz schreibt? Die Revolution hat doch keine Geheimniskrämerei nötig? Auch darüber muß ich noch nachdenken. Als ich den Brief aus der Sonne wegnahm, verschwand die Schrift sofort. Sie ist durch Wärme hervorzuholen. Ich wagte es nicht noch einmal. Ich bin sehr aufgeregt. Warum eigentlich? Es geht mich doch nichts an?

Vom Logenschließer zum Agitator

Am Abend des 20. Juni saß Pierre, wie er es nun schon so lange gewohnt war, als Logenschließer im Gang des Theaters auf seinem Schemel. Heute endlich wurde ein Revolutionsstück gespielt. Danton, der große Revolutionär, hatte sich ein Billet für die Loge genommen, die er immer mietete. Mit ihm waren einige Clubfreunde von den Cordeliers erschienen, die Pierre nicht kannte.

«Immer im Dienst, Bürger Pierre?»

«Jeden Abend. Aber ich würde mich lieber der Revolution handelnd zur Verfügung stellen, Bürger Danton. Könnte ich mich nicht in irgendeinem Vorort-Club nützlich machen?»

«Im Vorort Saint-Antoine, mein Lieber, wenn es dir paßt!» Bei diesen Worten hatte Danton ihm die Hand auf die Schulter gelegt. «Kannst du den Mund aufmachen und reden?»

Pierres Augen leuchteten auf. «Aber gewiß kann ich das, Bürger Danton!» Er war sehr glücklich: Er sollte vor den Bürgern *reden!*

Er öffnete mit dem Paßschlüssel die Logentür und schloß sie hinter Danton wieder zu. Dann setzte er sich auf seinen Schemel.

Es war ja seine Pflicht, draußen zu warten, ob einer der Logenbesucher etwas zu trinken haben wollte oder einen kleinen Imbiß. Oder eine der Damen schickte ihn nach Parfum oder nach einem Schal.

Im zweiten Akt hielt Pierre es auf seinem Hocker nicht mehr aus. Geräuschlos öffnete er die Logentür und schob sich in den Hintergrund.

Auf der Bühne hob ein antik gerüsteter Feldherr mit großer Geste die Hand, um einem aufgeputzten König zu erklären:

«Majestät, ohne Euch ist das Volk alles! Ihr aber seid ohne das Volk ein Nichts!»

«Bravo!» Pierre klatschte hingerissen. Ein Hochgefühl überwältigte ihn, weil ihn der große Danton im Vorort Saint-Antoine eingesetzt hatte. Jetzt würde er ein Lehrer des Volkes sein und Worte wie dieser Feldherr sprechen. Wie gut, daß der Arzt und revolutionäre Journalist Marat die Volksgesellschaften in den Vororten eingerichtet hatte!

Drinnen im Saal wurde jetzt anhaltend geklatscht und gepfiffen. Das Stück war aus. Die Logenschließer öffneten die Türen. Danton kam heraus.

«Na, mein Lieber», sagte er und legte Pierre seine Pranke auf die Schulter, «der Satz mit dem König und dem Volk hat dir gut gefallen, was?»

«Sehr gut hat er mir gefallen, Bürger Danton.»

Lachend ging Danton davon. Dann aber wandte er sich plötzlich wieder um und sagte: «Nächstens, beim diesjährigen Geburtstagsfest der Revolution wollen wir eine Denkschrift auf dem Altar des Vaterlandes niederlegen. Wir rufen darin die Verfassungsmacher auf, dem Volk eine *Republik* zu geben.» Er trat nahe an Pierre heran und sagte leise: «Befeure die Bürger aus dem Vorort Saint-Antoine, daß sie diesen Aufruf möglichst zahlreich unterschreiben! Das Volk ist alles – sofern es das selber begreift! – Übrigens, Hébert und andere, auf die es uns ankommt, haben wir schon überzeugt!»

◆

Am nächsten Morgen wurde Pierre vom Tosen der Sturmglocken aus dem Bett gerissen. Alarm! Seit einiger Zeit gehörte er zur Bürgerwehr. Er griff nach seinem Gewehr und stürzte auf die Straße. Auf dem Weg zum Sammelort schrien Leute: «Der König ist entflohen!»

«Wie war das möglich?» rief Pierre im Laufen. «Er war doch von sechshundert Bewaffneten in den Tuilerien bewacht?» Der Atem ging ihm aus. Die Jakobiner hatten ihre Spitzel doch unter der gesamten Dienerschaft der Tuilerien! – Und hatten viele Schmiergelder dafür ausgeschüttet, wie man hörte!

«Die Österreicherin hat das angestiftet!»
«Und der Dauphin?»
«Die ganze Familie ist weg!»

Eine ungeheure Erregung bemächtigte sich der Einwohner von Paris. Wie bei jeder Gelegenheit rotteten sie sich in Windeseile zu großen Haufen zusammen und drängten zu den Tuilerien. Die Bürgerwehren kamen im Eilschritt anmarschiert, um das leere Schloß zu bewachen. Pierre hatte seinen Platz am linken Flügel. Neben ihm der Schreiner Duplay, bei dem Robespierre wohnte. Man wartete, was weiter geschehen würde. Die Hitze war groß; aber die Menschenmenge wuchs immer noch weiter an. Kinder schrien, weil sie eingezwängt wurden; alte Leute wurden ohnmächtig und fielen um. Die Bürgerwehrleute verschmachteten vor Durst, als sie um die Mittagszeit noch immer auf ihren Posten ausharren mußten. Vom Palais Royal herüber knallte die kleine Kanone, und die Wartenden schrien: «Sie kommen! Sie kommen!»

Aber es wurde Abend und Nacht, ohne daß die königliche Kutsche gemeldet wurde. Pierre sagte zu Duplay, und seine trockene Zunge gehorchte ihm kaum: «Ein König, der flieht!»

«Wer sagt dir denn», fragte Duplay, indem er Pierre sein Schnapsfläschchen reichte, «wer sagt dir, daß er beabsichtigt hat zu fliehen? – Vielleicht will er in irgendeiner Festung royalistische Truppen sammeln, mit deren Macht er die alte Souveränität wiederherstellen kann?»

«Du kannst die Zeit nicht zurückdrehen!»

«Oder vielleicht», sagte Duplay schlau, der nur Pierres Meinung herausfinden wollte, «vielleicht will er zu einer Grenzfestung, wo er Kontakt mit einem Emigrantenheer aufnehmen kann? In Worms und Mainz sollen sich welche gesammelt haben, sagt Robespierre.»

Erst gegen Morgen wurden die Bürgerwehren nach Hause geschickt. Die Menschenmenge hatte sich verlaufen. Schon waren aber die Plakatankleber mit Leimkübel und Quast unterwegs. Und als es Tag wurde, lasen die Pariser:

Ein fettes Schwein ist aus den Tuilerien entlaufen! Diejenigen, die ihm begegnen, werden gebeten, es in den Saukoben zurückzutreiben! Sie sollen eine angemessene Belohnung erhalten!

An allen Ecken war dröhnendes Gelächter zu hören. Hatte Philippe Égalité diese Plakate drucken lassen? Noch am selben Tag erfuhr man, daß die königliche Kutsche in Varennes abgefangen und zur Umkehr gezwungen worden war.

Pierre dachte einen Augenblick lang, daß der Schreiner mit seiner Vermutung vielleicht recht gehabt hatte. Denn Varennes liegt auf dem Weg nach Metz; und der Kommandant von Metz war königstreu: Ein Royalist! Ein Konterrevolutionär.

Der Professor

Marcel war viele Male zu den Markthallen gegangen, Nicole hatte er nicht wiedergesehen. Die Fisch-Caroline saß mürrisch hinter ihrem Verkaufsbrett. Wenn sie ihn kommen sah, schaute sie rasch auf die andere Seite. Schon längst gab sie ihm keine Antwort mehr auf sein ewiges Fragen: «Wo ist sie? Warum ist sie nicht mehr bei dir?»

Auch an diesem Tag, als er den Blinden an seiner Bettelecke zurückgelassen hatte, war er um die Markthallen herumgestrichen auf der Suche nach Nicole. Als er sie dann wieder nirgends sah, trottete er ins Studentenviertel hinüber – vielleicht ganz unbewußt, weil er, als er neu war in Paris, dort von den Professoren reichliche Almosen bekommen hatte. Er stellte sich an eine Straßenecke und hielt die Kappe vor sich. Aber sein Blick verlor sich im Ungewissen. Seine Gedanken suchten das Bild von Nicole, wie sie gewesen war, als sie in Les Granges aufgebrochen waren: der viel zu lange rote Rock, den sie mit einer Schnur hinaufgebunden hatte; der helle Zopf, das liebe Gesicht, die großen Augen: Seine Nicole! Sie *mußte* hier sein, und eines Tages *mußte* er sie treffen! Leute kamen vorüber. Hie und da warf jemand eine von den Assignaten, die neuerdings als Papiergeld galten, in die Kappe. Marcel nickte mechanisch seinen Dank. Einer von den Professoren kam, sah ihn an und trat nahe an ihn heran.

«Bürger», sagte er, «ich habe Euch früher gerne von dem abgegeben, was ich hatte. Aber jetzt habe ich mein Einkommen verloren; und wenn es so weitergeht, werde ich bald neben Euch stehen und betteln!»

«Welches Fach habt Ihr gelehrt?» fragte Marcel.

«Ich lehre noch; aber die meisten meiner Studenten haben das Geld nicht mehr, meine Vorlesungen zu bezahlen. Ich sage Euch etwas: Alle, die so sehr über die Revolution jubeln, haben von der Revolution profitiert! Ich nicht. Ich lehre Medizin. Mein Fach ist die Chirurgie.»

Marcel seufzte: «Medizin!»

«Ich habe Frau und Kinder», sagte der Professor, «die muß ich ernähren. – Habt Ihr auch ein Zuhause, Bürger?»

«Ich heiße Marcel. – Nein, ein Zuhause habe ich nicht. Ich wohne in der Rue des Tanneurs mit einem Blinden: ein Unterschlupf in einem engen Durchgang.» Der Professor ging kopfnickend weiter.

Als Marcel auf dem Heimweg Brot und ein wenig Speck kaufen wollte, erhielt er kaum etwas für das erbettelte Geld.

«Was soll ich mit diesen Papierfetzen machen?» maulte die Bäckersfrau und schielte dabei ängstlich nach der Tür. «Gib mir doch gleich ein Steinchen von einer Klostermauer oder vom Schweinestall eines Grafen, der den Bürgereid nicht leisten will!» Unwirsch stieß sie ein Stück Brot über den Ladentisch. Der Fleischer hatte Speckseiten und Würste versteckt. Er ließ sich erst gar nicht auf einen Handel ein.

◆

Der Blinde hatte schon auf ihn gewartet. Von dem, was er in der Kappe hatte, konnten sie sich einen halben Krug Wein kaufen. Zu Hause richtete Marcel alles so auf den Tisch, wie es der Blinde gewohnt war. Als Marcel ihm eingegossen hatte, ertastete er das Brot und tunkte es in den Becher, um es schmerzlos in den vernarbten Mund zu bekommen. Plötzlich sprang er auf, reckte sich zu seiner ganzen Größe hoch, schüttelte die Fäuste und stieß ein verzweifeltes «Oh!» aus.

Sie schwiegen den ganzen Abend. Als Marcel den Laden vor das kleine Fenster klappen wollte, sah er im Dunkeln einen Mann auf die Tür zukommen. Mißtrauisch rief er ihn an. Der Mann antwortete: «Nur ich.» Es war der Professor. Marcel öffnete ihm die Tür.

«Es ist so, Bürger Marcel – – » Der Professor wußte offenbar nicht genau, wie er beginnen sollte.

«Die Sache ist die: Ich brauche jemanden, der mir das Labor in Ordnung hält. Aber ich kann nichts dafür bezahlen, solange sich die Verhältnisse nicht gebessert haben. – Wenn Ihr es trotzdem tun wollt – ich meine ja nur –, könnte ich Eure Arbeit – ich sage es nur mal – mit etwas Unterricht in Medizin vergelten.»

Nach einer Weile, in der keiner etwas sagte, wiederholte er beinahe schüchtern: «Ich meinte ja nur» und stand auf.

Der Blinde lächelte mit nach oben gewandtem Gesicht.

An der Tür fragte der Professor: «Also morgen?»

«Ja», sagte Marcel.

Er begleitete den Professor bis zur Straße. Leute kamen vorbei. Sie riefen: «Der König kommt wieder zurück! Es lebe der König! Kommt mit ins Palais Royal! Da wird es eine lustige Nacht geben. Die Journalisten haben für Extrablätter gesorgt!»

Kann ein Journalist weinen?

Der Park des Palais Royal war überfüllt. Alle Welt sprach darüber, was mit dem König zu geschehen habe, wenn er morgen zurückkommen würde. Man riß sich gegenseitig *La Voix du Peuple* aus den Händen und las beim Licht der vielen Laternen, die Philippe Égalité hatte aufstellen lassen:

Er hat sich davongemacht, dieser Schwachkopf von einem König, mit seiner Messalina!

«Sollen wir ihm nicht lieber einen Tritt in den Hintern geben», rief ein gepflegt aussehender Herr, während weißer Puder aus seinen Haarlocken rieselte, «und ihn über die Grenze katapultieren, statt ihn zurückzuholen?»

Nahe beim großen Tor stand Hébert. Soeben wehrte er René ab, der im Park den *Père Duchesne* ausrufen wollte.

«Laß das heute!» sagte Hébert mit einer Stimme, die so seltsam klang, daß René unwillkürlich zu ihm aufsah. Aber Hébert hatte sich bereits abgewandt.

«Man hat ihn angespuckt! In Varennes hat man ihn angespuckt und die Karosse mit Kot beworfen!» Dann ging Hébert weg.

René sah ihm nach. Er kam ihm vor wie einer, den man trösten muß. Auf einmal machte es ihm auch keinen Spaß mehr, in den Park zu gehen, wo die Menschen jetzt dicht gedrängt standen.

◆

Am nächsten Nachmittag strömte, was Beine hatte, zur Bastille. Die Rückkehr der königlichen Familie wurde erwartet. La Fayette hatte von dort bis in die Tuilerien einen doppelten Kordon bilden lassen. Aber als die Karossen heranrollten, brach die Abgrenzung unter dem Druck der Masse an vielen Stellen zusammen.

«Verräter!» brüllten die aufgebrachten Pariser der Kutsche entgegen. «Du Landesverräter!»

Endlich wurde das Schloß erreicht. Die Fallgitter rasselten nieder. Der König war in Sicherheit.

René hockte in seiner Ecke in der Druckerei und las immer wieder, was Hébert in den *Père Duchesne* hatte setzen lassen:

> **Riesenjammer des Père Duchesne:**
> **Du? – –** *Mein* **König?**
> **Du bist es nicht mehr!**
> **Was bist du jetzt anderes**
> **als ein schlapper Deserteur?**
> **Ach, Scheiße!**

Héberts seltsame Stimme von gestern klang ihm noch im Ohr. Hatte sie sich nicht beinahe – – nach Tränen – angehört? Wieder war es René, als müsse er ihn trösten. Schließlich sagte er zu sich: «Es scheint mir nur so, weil ich ihn gern habe.»

Die Denkschrift

Das Jahresfest der Revolution fand in diesem Jahr am 17. Juli statt, weil da ein Sonntag war. Pierre führte seine Volksgesellschaft aus dem Vorort Saint Antoine aufs Marsfeld, wo die Bürger schon dicht bei dicht standen. Oben auf dem blumengeschmückten Altar des Vaterlands lag zwischen den Siegesfeuern Dantons Denkschrift, die Denkschrift der Cordeliers, die jetzt vom Volk unterschrieben werden sollte:

Wir fordern die Verfassungsmacher auf, die Grundlagen für eine *Republik* zu erarbeiten!

Pierre war es geglückt, mit seinen Leuten nahe an die Stufen heranzukommen. Neben ihnen standen die Journalisten, ihnen voran Hébert. Ein Mitglied der Cordeliers stieg halbwegs die Stufen hinauf und rief: «Wer für eine Republik stimmt, möge sich in diese Denkschrift einschreiben!»

Alle warteten auf Danton, dem man den Vortritt lassen wollte. Er hatte die Schrift verfaßt. Ein Trommelwirbel erscholl. Aber Danton war nicht da.

«Wo ist Danton?» murmelte es in der Menge. Hébert machte den Journalisten ein Zeichen. Als erster stieg er mit ihnen zusammen die Stufen empor und unterschrieb.

«Hébert hat unterschrieben!» riefen die Leute, die es gesehen hatten.

«Wo ist Danton?» Der Ruf wurde jetzt drängender. Ohne Danton wollten viele nichts unternehmen. Da erstieg Pierre mit seinen Leuten aus der Volksgesellschaft die Altarstufen und unterzeichnete die Denkschrift, wie Danton es von ihm verlangt hatte. Sogleich schob sich ein Strom von Menschen die Stufen hinauf. Alle wollten die Republik.

Plötzlich brachen sich die Jakobiner Bahn. Robespierre zeigte sich oben vor dem Altar. Er hob die Hände zum Zeichen, daß er sprechen würde. Er sagte einen Satz, den gleich ein Sprechchor wiederholte; dann sagte er den nächsten.

Wir, die Jakobiner, lehnen diese Denkschrift ab, die eine Republik fordert! Wir sind mit der Monarchie zufrieden. In der vergangenen Nacht hat die Nationalversammlung die Unschuld des Königs beglaubigt: Niemals hatte er die Absicht zu fliehen. Er ist kein Landesverräter! Es lebe die Monarchie!

«Es lebe die Monarchie! Vive le roi!» schrien die zehntausend Menschen nach einem Augenblick der Verwirrung.

Mit hocherhobenem Kopf verließen Robespierre und seine Jakobiner den Altarhügel. Pierre und die Seinen wichen beschämt zurück. Wo war Danton?

Jetzt entstand in den vorderen Reihen Unruhe. Diejenigen, die aus der Nähe zum Vaterlandsaltar emporsehen konnten, riefen den weiter hinten Stehenden zu:

«Unter dem Altargestänge sind Leute!»

Zwei Männer wurden hervorgezerrt, die notdürftig mit Lumpen bekleidet waren.

«Passiv-Bürger!» riefen die Vorderen. Aber je mehr das Wort Passiv-Bürger nach hinten weitergegeben wurde, desto verächtlicher wurde es ausgesprochen. Schließlich hieß es nur noch «Gesindel». Man zuckte die Schultern. «Wollten unter dem Altar wohl ihren Rausch ausschlafen!» Man lachte.

Aber jetzt der Schrei von vorne: «Attentäter!» – Und dann: «Sie wollten den Altar des Vaterlandes in die Luft sprengen!»

«Wieso den Altar?»

«Man hat bei dem einen einen Bohrer im Hosensack gefunden!»

«Ach Gott: einen Bohrer!» Eine Frau lachte schrill.

«Man prügelt sie! – Man soll sie aufhängen, die Schurken! – An die Laterne mit ihnen!»

Die Aufregung der Masse schwoll an. Irgend etwas war vorhin schiefgelaufen. Jetzt brauchte man einen Sündenbock! Eine Welle von Haß stieg hoch.

«Massakriert sie! Das Fest wollten sie uns verderben! Es sind Konterrevolutionäre!»

Eine Zeitlang waren die Schreie der beiden Elenden zu hören. Dann hörte man sie nicht mehr.

Da, ein Aufschrei in der Masse: «Der Bürgermeister hißt die rote Fahne! Ausnahmezustand! – Bürger, jetzt gilt das Standrecht!»

An einen geregelten Ablauf des Festes war nicht mehr zu denken. La Fayette, der auf seinem Schimmel weithin sichtbar war, ließ das Signal zum Räumen des Feldes geben. Die Garde formierte sich.

«Was?» schrien die Festteilnehmer aufgebracht. «Verschwinden sollen wir von hier? Wir sind gekommen, um zu feiern, La Fayette!» Wo sie standen, hoben sie Steine auf und schleuderten sie auf die Soldaten.

La Fayette ließ eine Warnsalve in die Luft schießen. Da streifte ihn ein Pistolenschuß aus der Menge – und er senkte den Säbel zum Zeichen, daß jetzt scharf geschossen wurde.

Schon knatterte die erste Salve. Aufschreiend drängten die Menschen zu den Ausgängen. Pierre wurde mitgerissen wie damals in Versailles. Aber jetzt gab es kein Singen! Kein Jubel war auf den Gesichtern wie damals! Um sich herum sah er nur Angst und Wut. Nahe vor ihm waren Hébert und Chaumette, der Stadtkämmerer – die beiden ersten, die für die Republik unterschrieben hatten.

Hébert fand sein Pferd in der Rue de Dominicain. Es hatte das Maul tief im Futtersack. René, der es hätte bewachen sollen, schlief fest in einer Mauerecke.

«Komm rauf!» befahl Hébert, als er aufgesessen war. Er streckte René die Hand entgegen und zog ihn hinter sich aufs Pferd. Als sie im Mirakelhof abstiegen, sagte er: «Such dir für zwei Wochen eine andere Arbeit. Père Duchesne macht Urlaub.»

Der unfreiwillige Urlaub

René verkroch sich in seinem Winkel in der Druckerei. Er schlief zwei Tage lang, während Jacques-Christophe pfeifend und mit großem Gepoltere die Druckmaschine auseinandernahm und schmierte.

Jacques-Christophe war 24 Jahre alt. Ab und zu bekam er Briefchen. Sie waren immer rosarot und von einer Anne Dumoulin.

René fand es gemütlich, beim Dahindösen Jacques-Christophes Pfeifen und Gepoltere zu hören. Manchmal warf Jacques-Christophe einen Blick auf René und sagte: «Na, Bursche?» Und René antwortete: «Na, Alter?» Ohne Jacques-Christophe wäre es in der Druckerei nicht so schön gewesen.

Etwas war sonderbar in diesen Tagen: Hébert ging nicht weg, um einen Club zu besuchen. Er machte keinen Ausritt. Es kam ihnen so vor, als husche Françoise, Héberts Frau, leiser als sonst über die Treppe. Nur hie und da hörten sie von oben das Rucken eines Stuhles.

«Ich weiß nicht, wie ihm zumute ist», sagte Jacques-Christophe leise, «nach diesem Reinfall auf dem Marsfeld, wo er für eine Republik unterschrieben hat, jetzt, wo noch nicht einmal die Verfassung für die neue Monarchie vollständig ausgefeilt ist!»

René hatte sich aufgerichtet. «Und wo ist Danton, auf den er vertraut hat?»

Jacques-Christophe sagte: «Steh auf und geh ins Mechaniker-Café. Madame de Saint-Amaranthe weiß immer alles!» Er gab ihm ein paar Sols für Kaffee.

Auf dem Weg zum Palais Royal drängten sich Kutschen und Bauernwagen. Ein Junge trieb Kühe zum Schlachthof. Für diese Arbeit war er viel zu klein. Ein Esel schrie ohrenbetäubend unter den

Stockhieben seines Besitzers. Vergeblich versuchte ein räudiger Hund, etwas aus einem zerrissenen Korb herauszuzerren. Ein paar Schritte vor René platschte Schmutzwasser aus einem oberen Fenster auf die Straße. Eine Frau rutschte auf dem Unrat aus. Laufburschen drängten sich durchs Gewühl.

Den Zeitungsjungen der anderen Blätter wich René aus. Er wollte ihrem Spott entgehen. Durchs kleine Tor betrat er das Palais Royal. Die Auslagen des Waffenhändlers Cabot fesselten ihn eine Zeitlang: die Klingen aus Toledo, die Türkensäbel, Dolche und Messer aller Art. Eines von diesen spanischen Stiletts hätte er gerne besessen. Sie waren biegsam, spitz und schmal.

Neben der Waffenhandlung war eine Schirmnäherei. Neben der Schirmnäherei das Mechaniker-Café von Madame de Saint-Amaranthe.

«Wie?» rief sie, als sie René kommen sah, «heute wieder kein *Père Duchesne*?»

Statt einer Antwort bestellte René Kaffee. Es waren wenig Gäste da.

Als Madame de Saint-Amaranthe den Kaffee vor ihn hinstellte, sagte sie nahe an seinem Ohr: «Ganz recht hat dein Hébert, daß er den Père Duchesne auf Urlaub geschickt hat! – Danton ist lieber gleich geflohen, als er den Entschluß der Verfassungsmacher zur Ehrenrettung des Königs erfuhr! Je weniger Wind gemacht wird, desto schneller vergißt man die Sache!»

«Geflohen?»

«Nach England!» sagte Madame de Saint-Amaranthe noch leiser. «Dort hat er Freunde!»

Eine Dame kam herein. «Ich wollte in die Schirmnäherei nebenan. Aber die ist geschlossen.»

«Heute ist die Besitzerin beim Stoffeinkauf, Madame.»

«Mein Schirm ist mir für heute versprochen worden. Ich bin nur heute in der Stadt!» sagte die Dame eigensinnig.

«Vielleicht kann man den Schirm zustellen?» empfahl Madame de Saint-Amaranthe. «Wo wohnt die Bürgerin?»

«In Passy. – Könntet Ihr in der Schirmnäherei Bescheid sagen,

Bürgerin?» Sie reichte Madame de Saint-Amaranthe eine Visitenkarte: BÜRGERIN CATO, PASSY.

René schob die leere Kaffeetasse von sich, legte die Sols abgezählt auf den Teller und ging, um mit Jacques-Christophe Dantons Flucht zu besprechen. War es Klugheit oder Feigheit – oder wußte nur Danton selbst, warum er so gehandelt hatte? Sie hatten beide das Gefühl, daß mit dieser Sache Hébert Unrecht getan worden war.

◆

Am Ende der vierzehn Tage ritt Hébert eines Morgens nach Passy. Als er am Abend nach Hause kam, brachte er ein junges Hündchen mit. Es fiepte jämmerlich. Das Hündchen war weiß, hatte einen gelben Fleck auf dem Rücken. Die Ohren waren rund. René taufte es Funte.

Am darauffolgenden Morgen gab Hébert Jacques-Christophe für die nächste Nummer des *Père Duchesne* einen Text:

Père Duchesne spricht mit der Königin:

«Madame! Ich spreche im Namen der Sansculotten! Und wenn Ihr nicht wissen solltet, was das ist, dann sage ich es Euch: Das sind die redlichen Leute, die Kleinverdiener, die nichts mit den Großbürgern und Adeligen zu tun haben wollen. – Was nützt es meinen Sansculotten schon, daß man die Adelsvorrechte abgeschafft hat? Es gibt noch mehr als genug davon! Sagt das Euerm Gemahl!

Und was das souveräne Königtum angeht, so denkt Ihr wohl im geheimen, es solle Auferstehung feiern? Wißt ihr überhaupt, Madame, was ein Verfassungskönig ist? Beim Teufel, das solltet Ihr allmählich lernen!»

René und Jacques-Christophe warfen einander einen vergnügten Blick zu. Jetzt war die Zeit des unnatürlichen Schweigens vorbei! In den nächsten Tagen merkten sie jedoch, daß irgend etwas mit Hébert anders geworden war; aber sie konnten nicht sagen, wieso sie das meinten. Nach außen hin war alles wie zuvor.

Funte

Funte hörte auf, so jämmerlich zu fiepen. Er wurde zutraulich. Zwar gehörte er Hébert; in Wahrheit war er aber Renés Hund. René fütterte ihn und führte ihn aus. Ein bißchen erzog er ihn auch. Jacques-Christophe hatte es nicht so gern, wenn Funte die Druckerei schmutzig machte.

An einem Sonntag im September nahm René den Hund mit hinunter zur Seine. An einer Straßenecke trafen sie einen blinden Bettler an. Sein Gesicht war von gräßlichen Brandnarben entstellt. Hinter ihm klebte an einer Hauswand ein Plakat. René blieb stehen, um an dem Blinden vorbei zu lesen. Ungeduldig zerrte Funte an der Leine.

«Sei brav, bis ich das gelesen habe!» befahl René.

«Könntest du es mir vorlesen, Bürger?» bat der Blinde. «Die Ankleber waren Analphabeten.»

René las:

«**Paris, den 4. September 91**

Bürger! Die Verfassung ist vollendet! Die verfassunggebende Nationalversammlung löst sich auf.

Eine gesetzgebende Nationalversammlung wird von der Bürgerschaft gewählt werden! In ihr hat der König ein Vetorecht von jeweils vier Jahren. Dieser Beschluß wird in zehn Tagen in Kraft treten.»

«Ich danke dir, Bürger», sagte der Blinde, der aufmerksam zugehört hatte. «Die Revolution ist beendet.»

«Wie?» rief René außer sich. «Wieso beendet?»

«Wir haben eine verfassungsmäßige Monarchie. Damit ist das Ziel der Revolution erreicht.»

«Und die Republik?»

«Die steht auf einem anderen Blatt», sagte der Blinde und kraulte den Hund, der sich an sein Bein gedrückt hatte.

«Ich will mit ihm zur Seine hinunter», erklärte René. «Solch ein Wasser hat er noch nie gesehen. – Ob ich ihn tunken soll, damit er schwimmen lernt?»

«Du mußt die Leine in der Hand behalten», sagte der Blinde. «Gehst du zufällig durch die Rue des Tanneurs? Da wohne ich nämlich.»

«Es kommt mir nicht drauf an.»

Der Blinde legte René die Hand auf die Schulter, wie er es bei Marcel gewohnt war. Als sie am Durchgang angekommen waren, sagte er: «Von hier aus schaffe ich es allein. – Also laß die Leine nicht aus der Hand, wenn du den Kleinen tunkst! Und besuch mich mal dort hinten!»

René tauchte Funte in der Seine unter und sah, wie er mit den Beinen zappelte und sich mühte, an der Oberfläche zu bleiben.

«Gut, gut, Funte!» lobte er ihn, zog ihn aber doch bald wieder heraus. «Morgen oder übermorgen wieder – jeden Tag ein bißchen länger!»

Als René in die Druckerei zurückkam, nahm Hébert ihn beiseite.

«Höre, mein Lieber», sagte Hébert, «du mußt mir einen Gefallen tun!»

«Welchen?» fragte René erwartungsvoll.

«Englisch lernen.»

René entfuhr ein entsetztes «Oh!» Er dachte an die lateinischen Vokabeln, die er bei Vater Lénot wiedergekäut hatte, und zog ein saures Gesicht.

«Ich brauche einen, der mir die englischen Zeitungen übersetzt.»

Der Lehrer, den Hébert ausgesucht hatte, gefiel René nicht schlecht.

«Was hast du bisher gelernt?»

«Ein wenig Latein», sagte René und wurde rot. Der Lehrer war zufrieden.

Mit diesem Tag war Renés Leben als Zeitungsausschreier zu Ende. Wenn er seine Vokabeln lernte, sah er oft sehnsüchtig durchs Fenster. Als aber der Winter kam, dachte er an die roten aufgesprungenen Hände, an den beißenden Wind im Gesicht und an die kalten Füße, die er als Ausschreier gehabt hatte. Und wie oft war er abends heiser gewesen!

Ein Gast im Dunkeln
und was der Blinde hört

Marcel zog die Tür hinter sich zu, blies in die Hände und nahm den Schal ab. Als er den Blinden sah, fragte er: «Wer hat dich heimgebracht?»

«Ich kann's jetzt alleine.» Seine Stimme klang stolz. «Du brauchst dich in diesem Punkt nicht mehr um mich zu kümmern! In der letzten Zeit war es nämlich immer so – – hörst du mir eigentlich zu?»

«Entschuldige, Anatole!» Nach einer Weile sagte Marcel: «Ich habe ein Mädchen gesehen, das aus der Ferne aussah wie Nicole. Sie ging ins Palais Royal. Ich bin gelaufen. Als ich aber in den Park kam, war sie weg.»

Der Blinde sagte nichts.

«Übrigens», fuhr Marcel fort, um abzulenken, «Marat will seinen *Volksfreund* eingehen lassen. Er sagt, das revolutionäre Feuer sei erloschen. – Es ist dunkel hier drinnen.»

«Dunkel?» fragte der Blinde. «Ach, dunkel! – Keine Kerzenstumpen mehr? – Bohnen oder Rüben sind auch nicht mehr da. Auch kein Brot.»

«Brot kann ich ohnehin keines kaufen.»

«Der Winter», sagte der Blinde bitter, «ist keine Zeit für Bettler.»

Anatole nestelte am Halsausschnitt. An einer Schnur hing ein Wappenring. Er nahm ihn ab und reichte ihn Marcel.

«Was soll ich mit deinem Wappenring?» fragte Marcel barsch.

«Versetzen.» Der Blinde wandte den Kopf ab wie ein Sehender, der sich schämt.

«Kommt nicht in Frage!» Marcel ging rasch hinaus.

Bitter dachte Anatole an die Zeit, als dieser Ring noch fest an seinem Finger gesessen hatte. Damals hätte er nicht geglaubt, daß er ihn eines Tages für ein Brot hergeben würde. Damals hatte er Scheunen voller Weizen – bis die Revolutionäre ihm alles angezündet hatten.

«War ich ein guter Herr?» In der letzten Zeit hatte er sich angewöhnt, mit sich selber zu sprechen. Marcel war oft lange beim Professor im Labor.

«War ich ein schlechter Herr?» Nach einer Weile sagte er: «Weder gut noch schlecht: Ich war eben ein Herr.» Er legte die Schnur wieder um den Hals und schob den Ring in den Ausschnitt zurück. Im Durchgang klapperten rasche Schritte. Es pochte an der Tür. Jemand kam herein.

«Geht es Euch gut, Bürger?» An der Stimme erkannte der Blinde den Besucher.

«Ich heiße René.»

«Ja, es geht mir gut, René. Ich heiße – – kalt heute, was?»

«Seid Ihr allein hier?»

«Mein Freund ist einkaufen gegangen.»

René sah sich im Raum um. Da waren zwei Strohsäcke, zwei Bänke ohne Lehnen, ein Wasserfaß mit einer Schöpfkelle, ein wackliger Tisch und ein Herd. An der Wand lehnten zwei rußige Töpfe.

«Ich hätte Euch den Hund mitbringen sollen, Bürger», sagte er.

«Kann er schwimmen?» Der Blinde horchte auf. «Mein Freund kommt zurück!»

Marcel hatte die Tür noch nicht hinter sich zugezogen, als er überrascht: «Besuch hier?» rief. «Das ist eine Seltenheit!» Er warf die Rüben, die er gekauft hatte, in die Ecke, nahm den Schal ab und entzündete mit einem Schwefelholz eine Kerze. Als er sich umwandte, starrten die Freunde einander ungläubig an.

«Marcel!»

«René!»

Was sie sich so lang gewünscht hatten, überwältigte sie jetzt. Stumm standen sie einander gegenüber. Nach einer Weile fragte Marcel: «Weißt du was von den andern?»

René schüttelte den Kopf. Das Elend, in dem Marcel mit diesem Blinden wohnte, schnürte ihm den Hals zu. «Und du?»

«Nichts», sagte Marcel betreten, denn er hatte Renés Blick richtig gedeutet. «Nicole hat in den Markthallen Fische verkauft. Dann war sie weg. – Und was machst du?»

«Ich bin bei Hébert. Er wollte, daß ich Englisch lerne.»

«Ich arbeite in einem Labor; aber nicht zum Verdienen.» Nach kurzem betretenem Schweigen sagte Marcel: «Mit Politik hat es nichts zu tun.» Er zerschnitt eine Rübe, schob kleingehacktes Reisig ins Feuerloch und setzte die Rübe mit Wasser auf den Herd. Es war, als habe er René vergessen.

«Ich muß gehen», sagte René beklommen. «Ich muß den Hund raustun.»

«Gehört er dir?» wollte Marcel noch wissen. Dann verabschiedeten sie sich voneinander.

Die Rüben begannen zu kochen. Sie verbreiteten einen widerlich süßen Geruch.

«Ich hätte ihm sagen sollen, wer ich bin», sagte Anatole. «Wir vom Adel haben Fehler gemacht, Marcel. Dir das einzugestehen, fällt mir nicht mehr schwer; aber René gegenüber hat es noch nicht geklappt.»

Marcel sagte, ohne sich umzudrehen: «Es sind immer dieselben Fehler, keiner will was hergeben. Als der König endlich den Staatsbankrott sah, wandte er sich an den ersten Stand, den er mit Schenkungen und Vorrechten groß gemacht hat. Der aber verweist ihn auf den zweiten Stand, also auf euch Landjunker. Aber auch ihr wollt nichts hergeben. Euch hat man ja auch nicht mitregieren lassen. Also soll der dritte Stand dem Staat aus der Patsche helfen, das reiche Bürgertum nämlich, dem das Geld durch die Hände geht. Aber auch die Bürger wollen nicht. Sie zahlen ja ohnehin die höchsten Steuern! Sie appellieren an den vierten Stand, den es auf dem Papier überhaupt nicht gibt; aber in Wirklichkeit gibt es ihn: Es sind die Sansculotten, die nichts besitzen als die Fäuste, den Hunger und die Wut. – Vom fünften

Stand, nämlich von uns, dem Gesindel, will ich gar nicht erst reden. Aber auch uns wird man eines Tages noch brauchen, und zwar sehr bald!»

«Du denkst an Krieg! – An meiner Bettelecke höre ich viel davon. Die Leute glauben, die Königin wird uns die Österreicher auf den Hals hetzen. Die sollen uns zwingen, den König in seine alten Rechte wieder einzusetzen. Andere meinen, die Emigranten holen sich im Ausland Verstärkung, um Frankreich zu überfallen. Robespierre hat in der Nationalversammlung eine Anti-Kriegs-Rede gehalten und ist ausgepfiffen worden.»

Marcel zog ein Zeitungsblatt aus der Tasche und hielt es nahe ans Kerzenlicht. «Robespierres Rede», sagte er.

Den fremden Nationen die Freiheit bringen wollen, ehe wir sie uns selber endgültig erobert haben, das würde heißen: die eigene Versklavung betreiben!

Bürger! Setzt eure Freiheit nicht aufs Spiel!

Überlegt, wieweit ihr auf die Nationen Europas vertrauen dürft, was das Aussäen einer Revolution anbetrifft! – Sie sind noch nicht reif dafür!

Während Anatole sich zu seinem Strohsack tastete, sagte er: «Der Mann ist so gescheit, daß man sich nur immer wundern muß!»

♦

Am nächsten Morgen gingen sie gemeinsam zu Anatoles Bettelecke. Ein neues Plakat klebte an der Wand:

Der Krieg ist eine nationale Wohltat, Bürger!
Denn eine große Nation muß scharf auf ihren Ruhm bedacht sein!

Bestraft die unverschämten Machthaber Europas, die ihn nicht respektieren! Das französische Volk ist das höchststehende der Welt! Der Krieg im Äußern wird die Verräter im Innern an die Oberfläche schwemmen, diese Konterrevolutionäre!

Marcel mußte ins Labor. Was er eben gelesen hatte, war das pure Gegenteil von Robespierres Meinung.

Eine Abteilung der Nationalarmee trommelte heran. «Vive la Nation!» riefen die Passanten ihnen zu und schwenkten die Hüte.

Nahe bei Anatole hatten sich Kinder aufgestellt, um die Soldaten vorbeimarschieren zu sehen.

«Wie sind sie gekleidet?» wollte Anatole wissen.

«Wie wir!» sagten die Kinder selig. «Genau wie wir! Wir könnten mitmarschieren, wenn wir wollten! Sie haben auch nur Holzschuhe.»

«Die Stiefel gibt man ihnen draußen vor dem Feind», sagte ein anderer.

«Und Waffen?» fragte Anatole.

«Die äußeren haben Flinten.»

«Die äußeren?»

«Diese Helden!» rief ein Junge aus. «Sie tragen die Revolution in fremde Länder, in denen die Menschen noch Sklaven sind!»

Hinter dem Trommler marschierte Pierre. Daß er dabeisein wollte, wenn es zum Krieg kommen würde, war für ihn gewiß.

Cléments Tagebuch

27. Dezember 1791

Ich war krank. Der Diener, der meine Krücke eingeschürt hat, versorgte mich täglich mit Suppe. Vielleicht wäre ich gestorben, wenn ich nicht an euch, liebe Freunde, gedacht hätte! Aber ich will doch noch erleben, daß ihr eines Tages meine Aufzeichnungen lest, wenn auch viel zu wenig darinnen steht.

1. Januar 1792

Das Papier wird immer knapper. Ich kann nicht alles aus dem Papierkorb nehmen, Lecris merkt es sonst. Ich verbrauche ja auch Tinte und Federn heimlich. Wenn ich nicht mehr so klapprig bin und meine Hand nicht mehr zittert, schreibe ich von der Geheimtinte. Aber jetzt würde es mich noch zu sehr aufregen.

30. Januar 1792

Ich lese alle Zeitungen, die man mir bringt. Das Volk will den Krieg!

15. Februar 1792

Die Abgeordneten von der Gironde und anderen Provinzen, die jetzt in der Nationalversammlung das Übergewicht haben, wollen den Krieg, weil er die revolutionäre Begeisterung wieder anfachen soll; Robespierre dagegen will keinen Krieg, weil der König einen Krieg will, der wohl hofft, mit Hilfe ausländischer Mächte sein absolutes Königtum wieder zurückzubekommen.

10. April 1792

Österreich hat sich mit Preußen verbündet. Ich sehne mich sehr nach den Freunden.

13. April 1792

Schon zweimal habe ich die Astgabel mit dem Lappen vors Fenster gehängt. Aber gleich mußte ich sie wegen Lecris wieder zurückziehen. Ich bilde mir ein, René einmal ins Mechaniker-Café gehen gesehen zu haben. Steht da nun diese erstaunliche Miniatur-Hebebühne, die Doktor Guillotin ersonnen hat? Im Obersekretariat hat er sie herumgezeigt.

«Aber jetzt», soll der Doktor gesagt haben, «jetzt bin ich an einer Erfindung, über die werdet ihr euch alle wundern!»

20. April 1792

Der Krieg an Österreich ist erklärt. Ich sorge mich um euch, liebe Freunde, weiß ich doch nicht, ob sich einer vielleicht zur Revolutionsarmee gemeldet hat – vielleicht als Troßbub. Vielleicht sitzt einer von euch auf einem Pferd und trägt eine Fahne? Die Welt sieht anders aus als damals bei unserem Weggehen aus Les Granges.

Teil III:
Juni 1792 – April 1793

Der Schirm der Bürgerin Cato

Nie mehr war Nicole im Hause des Schreiners Duplay Robespierre begegnet; aber immer hatte er ein gutes Trinkgeld für sie zurückgelassen.

«Was gibt er dir?» wollte die Austrägerin eines Tages wissen. «Was? – Zehn Sols? Da müssen ihm diese Packen aber wichtig sein!» Sie riß Nicole den Korb vom Arm und machte sich selbst auf den Weg. Von da an bekam Nicole nur noch die weniger wichtigen Pakete zum Austragen. Die einzige Freude, die sie im Haus der Austrägerin gehabt hatte, war ihr genommen. Vergebens hatte sie den Kindern bunte Bälle aus Stoffresten und Werg gemacht: Sie blieben so boshaft, wie sie damals an der Seine-Brücke gewesen waren.

Nicole ergriff den Botenkorb. Da war nur noch die Sendung für die Schirmnäherei im Palais Royal. Schon einmal hatte sie dorthin einen Packen getragen. Damals hatte ihr die Besitzerin, Madame Massot, bunte Stoffreste geschenkt; und Nicole hatte ihr die fertigen Bälle gezeigt, die sie für die Kinder genäht hatte.

«Das Schirmnähen wäre wohl nicht dein Fall?» fragte Madame Massot und deutete mit der Elle, die sie nie aus der Hand ließ, auf die drei Mädchen, die sich nahe bei der Lampe über die Arbeit beugten. «Ich könnte eine vierte gut brauchen!»

Nicole nickte nur freudig. Sollte es wirklich wahr sein, daß sie sich von jetzt an von keinen Kindern mehr peinigen lassen mußte?

Am Tag darauf hatte sie ihren Platz zwischen den Mädchen. Die rechts neben ihr saß, gefiel ihr sofort; sie hatte ehrliche Augen und eine kurze, lustige Nase.

«Ich heiße Cécile Renault», sagte sie, «und du?»

«Ich heiße Nicole.»

Cécile zeigte Nicole die geschicktesten Handgriffe. Hie und da hoben sie den Blick von der Arbeit und ließen ihn ausruhend durchs Fenster schweifen. Im Park sahen sie Mütter mit ihren Kindern oder die Diener des Bürgers Philippe Égalité, der Süßigkeiten an die Kinder verteilen ließ.

Schauten sie aber zu lang durchs Fenster, dann klopfte Madame Massot energisch mit der Elle auf die Theke.

Ein junger Mann blieb vor dem Fenster stehen. Nicole hob den Kopf. Und dann formten ihre Lippen seinen Namen: *Marcel!*

Ihre Augen leuchteten auf. Gleich darauf nahmen sie einen ängstlichen Ausdruck an: Würde er auch diesmal wieder davonlaufen?

Marcel verstand Nicoles Blick. Er schüttelte den Kopf, wobei ein winziges Lächeln über sein Gesicht huschte. Verstohlen deutete er zum Tor. Dort würde er am Abend auf sie warten! Aber noch ehe Nicole zustimmend genickt hatte, hatte Madame Massot mit der Elle geklopft. Und dann wies sie Marcel mit dieser Elle weg.

«Heute abend!» raunte Nicole Cécile zu, die alles mit angesehen hatte. «Er wartet auf mich! Es ist Marcel, verstehst du: Marcel aus unserem Club, von dem ich dir sagte, daß ich ihn – –»

Wieder das unerbittliche Klopfen mit der Elle.

In diesem Augenblick kam Madame de Saint-Amaranthe, die Inhaberin des Mechaniker-Cafés, herüber. Sie hielt einen Zettel hoch. Schon von der Tür aus rief sie: «Scheltet mich, Bürgerin Massot! Scheltet mich nur. Dieser Zettel liegt gewiß schon ein halbes Jahr bei mir in der Schublade! – Oh, ich Vergeßliche!» Sie legte ihn vor Madame Massot auf die Theke.

«Ihr sollt den Schirm, wenn es geht, nach Passy bringen lassen.»

Madame Massot nahm den Zettel. «Bürgerin Cato, Passy», las sie. «Was sich die Leute so denken!» Sie sah die Mädchen der Reihe nach an, bis ihr Blick an Nicole hängenblieb.

«Hast du Schuhe?»

Nicole erschrak. Jetzt verwünschte sie die Austrägerin, die ihr vor kurzem Schuhe geschenkt hatte! Langsam hob sie den Fuß und zeigte auf ihre Holzpantine. Ihre Augen füllten sich mit Tränen. Verschwommen sah sie Madame de Saint-Amaranthes rotglänzendes Kleid, wie es sich zur Tür hin entfernte. Aber dann hörte sie ihre warmherzige Stimme: «Nicole hat doch nicht etwa Fieber, liebe Madame Massot? Sie ist so rot.»

◆

Auf dem Weg nach Passy weinte Nicole lautlos vor sich hin. Daß sie Marcel am Abend verpassen mußte, schien ihr der größte Schmerz, seit sie Les Granges verlassen hatte. Niemals würde sie zur rechten Zeit zurück sein! Der Sonne nach war es bereits gegen fünf, und sie hatte die Gärten der Tuilerien kaum hinter sich! Rechts sah sie das Standbild von König Ludwig XV. Hinter einem Bogen der Seine konnte sie im Dunst die niederen Weinhügel von Passy erahnen. Eine Bäuerin, von der Nicole den Weg erfragte, deutete mit dem Kopf dorthin. Das Gut lag auf halber Höhe des Hanges.

«Was will man dort?» fragte die Frau mit unverhüllter Neugier.

«Etwas abgeben.» Nicole zeigte den Schirm.

Die Bäuerin lachte verächtlich. Die Reichen brauchten einen Schirm! Ihr genügte ein Kopftuch.

Die Sonne schien flach, als Nicole auf dem Platz vor dem Schloß ankam. Zwei Hunde empfingen sie mit wütendem Gebell. Nicole blieb ängstlich stehen. Aus einem ebenerdigen Fenster klang Töpfegeklapper. Eine Hand kam zum Vorschein und warf einige Knochen durch die Gitterstäbe. Sofort ließen die Hunde von Nicole ab. Und dann hörte sie, wie jemand ihren Namen rief:

«Nicole! Nicole!»

Hinter dem Gitter sah sie Régines erhitztes Gesicht. Nicole stieß einen wilden Freudenschrei aus.

Als sie später in Régines Kammer beisammensaßen und einander berichteten, was sie erlebt hatten, unterbrachen sie sich immer wieder, um einander zu betrachten. Wie groß und kräftig war Régine geworden! Wie fein und blaß war Nicole geblieben!

«Und wie lebst du jetzt?» wollte Nicole wissen.

«Weißt du, Nicole», antwortete Régine leise, und ihre Augen bekamen einen Schimmer von Traurigkeit, «weil ich so grobklotzig bin, denkt meine Bürgerin Cato, ich sei auch dumm. ‹Das Trampel›, hat sie kürzlich zu einem ihrer Gäste gesagt, ‹das Trampel wird Euch was heraufbringen.› Darum lassen sie mich bei den großen Essen mit Serviette und Tablett in der Ecke des Speisesaals stehen, für den Fall, daß jemandem ein Glas herunterfällt oder so; die Scherben muß ich dann aufsammeln.»

«Was meinst du mit ‹darum›, Régine?»

«Wenn die Gäste da sind, deren Namen man nicht nennt, ist es besser, ihren Gesprächen hört ein Dummer zu», raunte Régine, «als ein Heller – denkt meine Bürgerin Cato! Von mir ist sie gewohnt, daß ich schweige. Darum denkt sie, ich wüßte nichts. Dabei habe ich mir die Namen von vielen Gästen gemerkt. Hie und da entschlüpft ihnen nämlich der eine oder der andere. So weiß ich inzwischen, daß ein gewisser Herr de Batz Bankier in Holland ist und adelige Emigranten um sich sammelt. Was sie vorhaben, ist mir noch nicht ganz klar; aber es geht ihnen um den König. – Sagt dir Politik denn gar nichts mehr, Nicole?»

«Es war aufregend, Robespierre die Postpakete zu bringen; aber das ist jetzt aus. Wenn ich Marcel wiedersehe – und dann werde ich ja alle anderen auch sehen, Régine –, dann werden wir wieder über alles sprechen und beraten, wie es weitergehen soll. Dann kommen wir zu dir nach Passy, weil du ja nicht zu uns kommen kannst. Nicht, daß dir was passiert, wenn du hier verschwindest!»

Régine richtete mit der Lichtschere den Kerzendocht auf, der umfallen wollte. «Kurz nachdem wir aus Les Granges weggegangen waren», sagte sie dabei, «hat man das Schloß niedergebrannt. Wußtest du das? Die Gräfin mit den Kleinen ist umgekommen, Nicole. Der Graf, der von der Jagd zurückkam, soll reingesprungen sein, um sie zu retten. Man weiß nicht, ob er tot ist. – Denkst du noch an das Scheitetragen, Nicole?»

«Woher weißt du das von dem Schloß und dem Grafen?»

«Von einem Fuhrmann, der eine Getreideladung nach Paris bringen sollte. Auf dem Weg von hier zur Stadt hat man ihn allerdings umgebracht und das Getreide gestohlen.»

«Alle haben Hunger», sagte Nicole. «Darum geschieht so etwas! Nur bei euch hier gibt es ‹große Essen›.»

«Weil die Getreidepreise nicht festgesetzt sind, gibt es den Wucher, den nur die Reichen zahlen können! Aber gegen die Festsetzung wehren sich die Girondisten, diese Provinzler, die in ihren Regionen ihr eigenes Süppchen kochen wollen – sie seien Föderalisten, sagte der Journalist Hébert, als er kürzlich bei der Bürgerin Cato war.»

«Wie du das alles weißt, Régine!»

Dann umarmten die Mädchen einander. «Bis bald!» sagte Nicole.

«Ja, bis bald.»

Im Osten sah man bereits einen hellen Streifen am Himmel. Von jenseits der Seine tönten die ersten Kommandos herüber. Auf dem Marsfeld exerzierten Revolutionstruppen für den Krieg. Die Bürgerin Cato hatte Nicole nicht gesehen. Sie war verreist.

Nur für Füchse gedacht?

Nicole war vielleicht eine Viertelstunde zügig vorangegangen, als ein plötzlicher scharfer Schmerz vom Knöchel herauffuhr. Sie stürzte zu Boden. Sofort füllte sich der Holzschuh mit Blut. Mitten auf dem Wiesenweg war sie in eine Fuchsfalle geraten.

Das Blut strömte stark, obwohl sie mit aller Gewalt den Finger auf die Ader preßte. Schon bald ließ ihre Kraft nach. Sie wurde seltsam müde und gleichgültig. Sie hörte noch, wie der Huftritt eines Pferdes näherkam, nahm aber nicht mehr wahr, daß der Reiter neben ihr anhielt, vom Pferd sprang und sich über sie beugte.

Als sie wieder zu sich kam, befand sich Nicole in einer Umgebung, die sie sich nicht erklären konnte. Frauen verschiedenen Alters bemühten sich um sie in einem dunklen Raum. Jetzt gab man ihr etwas sehr Bitteres zu trinken, und sie schlief ein. Beim nächsten Erwachen sah sie deutlicher, wo sie war. Sie lag auf einer Bank in einer Scheune. Draußen vor der offenen Tür war Tag. Aber innen brannten zwei Talglichter.

Ein Mann kam zur Bank, leuchtete Nicole ins Gesicht und hob ihr unteres Augenlid ein wenig ab. «Als ich sie fand», sagte er dabei, «sah es so aus, als könnte man sie am Leben erhalten.»

«Wir tun unser möglichstes, Vater Edgeworth.»

Der Mann sprach leise, beruhigende Worte und schlug das Kreuz über Nicole. Dann hörte sie, wie er davonritt.

Die folgenden Tage verliefen in einem Wechsel von Wachen und Bewußtlosigkeit. Nicole sah die Frauengesichter um sich, die sich in ihren Fieberphantasien übereinander- und ineinanderschoben, so daß sie meinte, sie hätten sich verhundertfacht. Manchmal, wenn sie klarer war, sah sie diese Frauen zwischen den Talglichtern knien und beten.

Eines Tages kam ein Bote; und Nicole verstand, daß diese Frauen, von denen sie nun sicher wußte, daß es vertriebene Nonnen waren, nicht mehr länger in der Feldscheune bleiben konnten. Sie hörte, wie sie untereinander berieten, was mit ihr zu geschehen habe. Die älteste sagte: «Schläfert sie ein, sonst hält sie das Rumpeln auf dem Wagen nicht aus.»

Man gab ihr etwas Einschläferndes zu trinken, und sie wurde müde. Das letzte, was Nicole wahrnahm, waren die Gewehrsalven der exerzierenden Soldaten, und sie meinte, jetzt erst sei sie auf dem Heimweg von Régine und würde bald Marcel wiedersehen. Sie lächelte.

Die Jakobinermütze

Seit die französischen Truppen in die österreichischen Niederlande einmarschiert waren, befanden sich die Pariser in höchster Spannung. Die Generale Dumouriez, Dillon und der Generalissimus La Fayette waren an der Front.

«Wir werden ein Bündnis mit den Preußen eingehen!» rief man sich auf der Straße zu. «Wir werden England zur Neutralität zwingen! Sieg! Sieg!»

Aber keine Siegesnachricht erreichte Paris; und Preußen war an einem Bündnis nicht interessiert. Auch England zeigte dem Bischof Talleyrand, der als Gesandter in London war, die kalte Schulter.

«Bürger! Was brauchen wir die Preußen und die Engländer!» tönte es laut auf den Straßen. Nach und nach aber sickerten die Nachrichten von der großen Niederlage durch: Bei der ersten Feindberührung war die Reiterei geflohen und hatte die Fußtruppen mitgerissen. General Dillon hatte sich zornig den Fliehenden entgegengeworfen und war getötet worden. Die Front war in Auflösung.

Ein Aufschrei ging durch Paris: «Lüge! Lüge!» Revolutionsgruppen flohen nicht – sie siegten!

Wenige Wochen später kehrte Pierre, der bei Kriegsbeginn mit ins Feld gezogen war, als Verwundeter heim. Von Madame Amélie, bei der er noch immer seine Kammer hatte, wurde er kalt empfangen. Sie bat ihn nicht mehr zu Tisch wie früher, sondern schickte nur die Magd mit einem Tablett zu ihm hinauf.

Der Durchschuß am Oberarm heilte zwar rasch; aber es dauerte noch lang, bis Pierre mühelos in die Kleider kam. Wenn er ausging, benützte er die Hintertreppe, um Madame Amélie nicht zu begegnen, die ihn so behandelte, als sei er an den Niederlagen schuld. Aber was konnte denn er dafür, daß die nötigen Waffen nicht geliefert worden waren: die Flinten vom Modell 77, für die sie die Munition bereit hatten? – Und daß es an Stiefeln fehlte, an Bekleidung überhaupt? – Und außerdem am nötigen Essen? Was konnte er dafür, daß die reguläre Truppe zu stolz war, um mit der Revolutionsarmee zusammen zu kämpfen? Auch der versprochene Sold war nicht ausbezahlt worden! – Was wußte denn diese Madame Amélie! Sie konnte vielleicht mit schriller Stimme Lieder singen, wie damals in Versailles! Sonst nichts. – Oder wußte sie vielleicht, wer die Heereslieferanten bestochen hatte? Wußte sie, auf welchem schwarzen Markt die Stiefel der Soldaten verschwunden waren?

«Die Österreicherin ist an allem schuld!» schrien die erregten Menschen. Sie brauchten einen Sündenbock für ihre Wut. «Wieviel von unserm Blut das kostet, ist ihr egal!»

Und dann gelangte die furchtbare Nachricht nach Paris, daß der Generalissimus La Fayette gemeinsam mit den Österreichern und Preußen nach Paris marschieren wollte, wie es hieß: um den König zu schützen! – Und der König wehrte diesen Schutz nicht ab!

«Das ist das Letzte!» schrien die Menschen. «Das lassen wir uns nicht gefallen! Das nicht! Weg mit den Girondisten, die uns diesen Krieg eingebrockt haben!» eiferten jene, die noch vor wenigen Wochen nicht gewußt hatten, was alles sie aus Kriegsbegeisterung tun sollten. «Weg mit dem König!»

♦

Der zwanzigste Juni kam heran. Vor drei Jahren waren die ersten Männer der Revolution im Ballhaus von Versailles zusammengetreten, um die Volksverfassung zu erarbeiten. Pierre sah die heiße Erregung der Pariser am Eifer, mit welchem man dreifarbige Fähnchen und Kokarden oder Girlanden mit blau-weiß-roten Schleifen und Bändern an den Häusern anbrachte. Bäume wurden auf Stadt- und Dorfplätzen gepflanzt. Kinder schmückten die Äste mit Trikoloren.

Die Ortsvorsteher setzten die rote Jakobinermütze auf die Spitze: Zeichen der blühenden Revolution – Freiheitsbäume.

In der Nacht wurde Pierre wach. Gruppen von Männern und Frauen zogen singend unter seinem Fenster vorbei. Noch vor Morgengrauen machte er sich zu seiner Bürgergesellschaft im Vorort Saint-Antoine auf. Schon waren dort Leute zusammengekommen.

«Auf zu den Tuilerien!» riefen sie ihm entgegen. «Wir wollen dem König sagen, was wir von ihm halten!» Ein Mann sagte: «Danton hat uns angefeuert.»

«Danton? – Der ist doch in England?»

Der Mann lachte anzüglich und klopfte sich auf die Hosentasche, wo die Geldbörse steckt. «Jetzt ist er zurück!»

Pierre ordnete die Reihen. Auf dem Weg zu den Tuilerien stießen Nationalgardisten zu ihnen. Viele hatten Äxte dabei. Spruchbänder wurden entrollt.

Jetzt nahmen sie eine Gruppe von Radikalen in ihre Mitte. Die hatten soeben gewaltsam ihre Männer als Stadtväter im Rathaus eingesetzt, wo die Gesetzesgeber tagten.

Schon schlugen die Trommler vor der Manège das Fell. Unter Trommelwirbeln durchzogen sie die vom Schrecken starre Versammlung. Keiner der Abgeordneten erinnerte sich daran, daß ihre eigenen Gesetze jede Zusammenrottung verboten hatten.

Und weiter ging's in düsterem Marsch hinüber zum Schloß. Die Tore splitterten, dann drängten sich die Aufrührer im Audienzsaal des Königs.

◆

Der König stand am Fenster; Pierre sah ihn ganz aus der Nähe: die vierschrötige Gestalt, das glattrasierte Gesicht, die wäßrigblauen Augen, die starken Lippen, das gepuderte Haar.

Ein Mann reichte dem König mit frechem Lachen eine Jakobinermütze.

«Sire, setzt dieses Zeichen eines wahren Volksfreunds auf!»

Und der König setzte die rote Mütze, die ursprünglich das Zeichen der freigelassenen Galeerensklaven war, auf das gepuderte Haar.

Brüllendes Gelächter und beifälliges Klatschen erschollen. Pierre dachte an Robespierre, der niemals eine Jakobinermütze trug. – Der König winkte einen Diener herbei und verlangte Wein. Und dann trank er mit dem Mann, der ihm die Mütze aufgenötigt hatte. Die Menge schrie: «Vive le roi!» Der Mann drückte sich verlegen in den Hintergrund.

Pierre hatte das Gesicht des Königs keinen Augenblick unbeobachtet gelassen. Er konnte nicht die geringste Erregung darin finden. Auf dem Heimweg hörte er hinter sich eine Unterhaltung:

«Wer in solch einer Situation solch eine Haltung an den Tag legt –»

Mehr hörte Pierre nicht.

Cléments Tagebuch

20. Juli 1792

Abbé Fauchet war bei mir. Mein Handkarren sei noch in Versailles, und der Kutscher lasse fragen, was man mit ihm machen solle. Ich sagte, daß dieser Handwagen mir gar nicht gehört. «Er ist gestohlen, Monsieur!» sagte ich, weil es ja wahr ist.
«Wir lassen ihn bei mir in der Scheune, Clément, bis du genau weißt, was am besten damit zu machen ist.»
«Ich weiß nicht mehr, wo wir ihn mitgenommen haben, als wir aus Les Granges weggegangen sind. Aber René wird es noch wissen. Wenn ich René sehe – »
«Ist schon gut, Clément», sagte der Abbé. «Jetzt werde mal rasch gesund!»

7. August 1792

Warum läßt man so starke Abteilungen von Nationalgardisten aus Marseille nach Paris kommen? Den ganzen Tag über höre ich ihr Lied: Auf, ihr Söhne Frankreichs! Erhebt euch fürs Vaterland! Warum hat man in der Nationalversammlung ein Aufstandskomitee gebildet?

Die schwarzen Hände

Pierres Dachkammer war von der Sonne aufgeheizt wie ein Backofen und kühlte in der Nacht kaum ab. Pierre lag schwitzend und schlaflos da. Es war der 9. August. Plötzlich läuteten die Sturmglocken. Schreie kamen von der Straße herauf: «Zu den Tuilerien!» Pierre sprang aus dem Bett und ergriff das Gewehr. «Zu den Tuilerien, Bürger! Zu den Tuilerien!» Der revolutionäre Eifer riß ihn wieder mit: «Weg mit dem König! Es lebe die Nation! Auf zu den Tuilerien!» Jetzt schrie er selber laut. – Und schon hörte er den Kanonendonner, dem Gewehrschüsse folgten. Rauch stieg aus der Richtung des Schlosses auf; Flammen färbten den Himmel, blitzten auf wie Wetterleuchten.

Als Pierre an den Tuilerien ankam, hatte sich die königliche Familie bereits in die Manège geflüchtet.

«Ich unterstelle mich und meine Familie dem Schutz des Gesetzes!» hatte der König erklärt. Die Gesetzesmacher hatten den Schutz gewährt.

Blindwütig beschoß die Menge das Schloß. Die Leibwache wurde überwältigt. Die Diener wurden umgebracht – sogar die Pagen und Küchenjungen. Man warf sie kurzerhand zum Fenster hinaus. Dann griff das Feuer um sich. Das wütende Gemetzel hörte auf, die Todesschreie wurden schwächer und verebbten.

Bei Tagesanbruch ging Pierre nach Hause. Immer wieder wurde er von einem unbezwinglichen Schluckauf gestoßen. Er schlich die Hintertreppe zu seiner Dachkammer hinauf, warf sich aufs Bett und fiel in bleiernen Schlaf. Manchmal weckte ihn der Schweiß, der ununterbrochen aus seinen Poren rann. Wenn er dann seine rußigen Hände neben sich liegen sah, fuhr er entsetzt in die Höhe und suchte mit weit geöffneten Augen in der Erinnerung: «Was habe ich in den Tuilerien getan? Was habe ich nur mit meinen

Händen getan?» –, um gleich wieder in die vorige Bewußtlosigkeit zurückzufallen. Das Gedächtnis gehorchte ihm nicht mehr.

Endlich, als Madame Amélie zwei Tage später an der Tür rüttelte, kam er zu sich. Das Türschloß gab nach. Wütend stürzte sie in die Kammer.

«Es geschähe dir recht, Bürger Pierre», schrie sie, «wenn man dich in Gewahrsam nehmen würde wie diesen Louis Capet! Du weißt offenbar auch nicht mehr, was du tust! – Zwei Tage weder essen noch antworten, wenn man klopft!»

«In Gewahrsam, Louis Capet?» fragte Pierre verstört, «den König?»

«Viel zu lang haben wir uns von ihm versklaven lassen!»

«Wo hat man ihn hingebracht?»

«In die alte Templerburg. Da holt ihn keiner mehr raus! – Hébert hat sich das ausgedacht.» Pierre hörte noch von der Treppe her ihr schadenfrohes Lachen, als sie gegangen war. Mit zitternden Knien tappte er auf die Straße hinunter. Tafelträger schwärmten aus. In großen Buchstaben war geschrieben, was sie auszuschreien hatten:

DIE GESETZGEBENDE NATIONAL-VERSAMMLUNG HAT DEN KÖNIG SEINES AMTES ENTHOBEN!

Pierre lachte nervös, hielt aber plötzlich inne. Seine Stimme klang wie die eines Fremden, der ihm unangenehm war. Ihm war so schwindelig, daß er sich an einer Hauswand festhalten mußte.

«Aber jetzt ist die Revolution an ihrem Ziel!» riefen die Vorbeigehenden. «Jetzt bekommen wir die Republik!»

Ein Zeitungsjunge lief vorbei. «Père Duchesne! Père Duchesne!»

Riesenfreude des Père Duchesne!
Wie hat der Hanswurst Capet die Beine gelüpft, um in der Nationalversammlung Schutz zu suchen! Aber fürchte nichts, Louis Capet: Die Franzosen sind nicht dafür gemacht, sich mit dem

Blut eines Weichlings zu besudeln! – Himmel ja: Sie lassen dich leben!»

Pierre war so übel, daß er meinte, er müsse erbrechen.

Cléments Tagebuch

25. August 1792

Seit zwei Tagen steht der Feind auf französischem Boden, habe ich heute gelesen. Die preußischen Truppen rücken auf Verdun vor. Was das bedeutet, kann ich nicht ermessen. Ich weiß nicht, wie es in der Welt aussieht. Ich war schon wieder krank. Es geht mir überhaupt nicht mehr gut.

Aber kurz bevor ich diesmal krank wurde, habe ich es gewagt: Ich habe einen Brief des Herzogs in die hereinscheinende Sonne gelegt, bis er warm geworden ist! Lecris hat nichts davon gemerkt. Gott sei Dank hat er nichts davon gemerkt, sonst hätte er mich in der Hand! Er ist bald danach ins Obersekretariat gerufen worden; und ich konnte in Ruhe lesen. – In Ruhe? So ein Unsinn! Ich zitterte am ganzen Leib!

Ihr Freunde vom Club 89! Wüßte ich nur, wie das, was ich gelesen habe, in eure Hände gelangen könnte!

Als die Geheimschrift durch die Wärme hervortrat, zeigten sich folgende Wörter: ... der König ausgeschaltet ist, meine Thronansprüc ...
(Das war die eine Zeile, die nächste war noch nicht warm genug. Aber die übernächste.)
... über eine Regentschaft des unmündigen Dauphin, den die Franzosen lieben!
... aber ich ... nie begnügen ...
Dann: Die Zahl meiner Anhänger kennt Ihr. Ich weiß ihr Vertrauen zu ...

Ich habe mich nicht getäuscht: Der Herzog, der sich als Revolutionär gebärdet, strebt den Thron von Frankreich an. Er ist aus königlichem Blut, beliebt und reich.

26. August 1792

Der General La Fayette hat sich nach Belgien abgesetzt! Ein La Fayette, der zum Feind übergeht!

Die Schreibstube des Herzogs

Marcel schaute wie jeden Tag auf dem Weg zum Labor im Mechaniker-Café vorbei. Jedesmal hatte Madame de Saint-Amaranthe bedauernd den Kopf geschüttelt: nichts von Nicole. Auch diesmal war es so, und er war schon dabei zu gehen, als sie ihn bat: «Ach, Monsieur Marcel, könntet Ihr mir einen Gefallen tun? Seid so gut und zahlt meine Ladenmiete beim Bürger Égalité. Ihr müßt die linke Treppe nehmen; dort kommt Ihr ins Sekretariat.»

Sie reichte ihm ein Bündel Assignaten. Nahe bei ihm sagte sie: «Wirklich noch keine Spur von unsrer lieben Kleinen!», und ihr Gesicht ließ für einen Augenblick die Sorge sehen, die sie sich um Nicole machte.

Auf der Treppe zum Sekretariat hüpfte ein Diener mit einem Deckelkorb an Marcel vorbei. Er musterte ihn mit hochgezogenen Augenbrauen. «Hast dich wohl verlaufen, Bürger?»

Der Gang erhielt durch eine Reihe von hohen Fenstern von der Straße her Licht. Marcel klopfte an eine große, reichverzierte Tür und trat ein. An einem breiten, von Papieren überhäuften Tisch saß ein junger Kanzlist, den Marcel nur von hinten sah. Sein Blick blieb an einer Astgabel hängen, an der ein bunter Lappen festgebunden war. Wie ein Traumwandler ging er hin und nahm sie in die Hand. Als er aufsah, blickte er in zwei weit geöffnete Augen.

«Marcel!» sagte Clément leise. «Marcel!» Ungeheure Freude strahlte aus Cléments Augen.

«Ja, Clément. Ja.» Beiden versagte die Stimme.

Nach einer Weile fragte Marcel: «Bist du schon lange hier?»

«Fast von Anfang an.»

Marcel deutete fragend auf Cléments Beine.

«Abbé Fauchet hat mich hierher mitgenommen.»

Die Tür des Nebenzimmers wurde aufgerissen. Der Kopf eines

Sekretärs schoß heraus. «Ich bitte um Ruhe!» schrie der Mann. Als er Marcel sah, fragte er: «Was will der Bürger hier?»
«Die Miete zahlen für Madame de Saint-Amaranthe.»
«Warum kommt Madame nicht selbst?»
«Darüber habe ich nicht zu berichten.»
«Man trete ein.»
Mein Gott! In solch einer Atmosphäre hat Clément drei Jahre lang gelebt!

Nachdem Marcel die Miete bezahlt hatte, begleitete der Sekretär ihn bis auf den Flur hinaus, als fürchtete er, Marcel könnte noch einmal das Wort an Clément richten.

Marcel ging bis zur Treppenkehre. Dann schlich er zur Tür zurück. Und als er im Raum keine Stimme hörte, öffnete er leise. Clément hatte die Arme über den Tisch geworfen und den Kopf daraufgelegt.

«Wann soll ich dich holen?»
Clément schüttelte den Kopf. «Keine Krücken!»
«Ich trage dich! – Also wann?»
Clément hob die Schultern. «Es wird immer sehr spät hier; dann ist das Tor unten geschlossen.»
«René war bei mir!»
«René!» Noch einmal leuchteten Cléments Augen auf.
«Ich komme wieder!» Marcel zog leise die Tür zu.

Das Wiedersehen mit Clément war für ihn ein so großes Glück, daß er auf der Straße stehenbleiben mußte, um ganz tief Luft zu holen. «Jetzt fehlen uns nur noch drei», dachte er lächelnd. «Pierre, Régine – – und Nicole!»

◆

Am Palais Royal war ein Aufruf des Journalisten Marat angeschlagen:

Bürger! Der Feind sitzt im Innern des Landes! Es sind die Konterrevolutionäre! Gebt ihnen den Gnadenstoß! Vernichtet sie,

bevor sie euch vernichten! Stürzt euch auf alle, die Karossen, Diener und Seidenkleider besitzen! Sucht die Gefängnisse ab nach Adeligen und widerspenstigen Priestern und macht sie nieder! Laßt nichts als Blut und Leichen zurück!

Marcel schauderte. War Marat ein Mensch oder eine Bestie? Auch im Labor sprach man von diesem Aufruf. An jeder Ecke war er angebracht.

Am Abend begleitete der Professor Marcel ein Stück weit. Bei einem Zeitungsjungen kauften sie einen *Père Duchesne*. Der Professor las vor:

Sansculotten! Gebt acht!

Die Ehrgeizigen sind tausendmal gefährlicher als die Aristokraten, das sage ich euch, Himmel noch mal! Sie wollen immer noch höher hinaus – bis zum Gipfel der Macht!

Der Professor faltete das Blatt zusammen und steckte es ein.

«Ich bin gespannt, wo sich die Macht letztlich einnisten wird! – Bei den Verfassungsmachern im neu gewählten Konvent oder im Rathaus von Paris!»

«Was in Paris beschlossen wird, gilt für alle Städte Frankreichs.»

Noch einmal zog der Professor die Zeitung aus der Tasche.

Der große Tiger Capet brüllt in seinem Käfig!

«Ich frage mich immer», sagte er, «hat Hébert den König in der Templerburg haben wollen, weil er ihn strafen wollte – oder, um ihn vor dem Volkszorn zu schützen? Der Mann ist undurchsichtig.»

«Oder», sagte Marcel, «will er es jedem recht machen, um beim *ganzen* Volk beliebt zu sein? Es gibt ja unter den Bürgern noch immer diese und jene.»

«Steckt nicht in jedem von uns ein ‹dieser› und ein ‹jener›?»

«Ich gebe es zu, Monsieur.»

«Übrigens», begann der Professor noch einmal, «Kollege Guillotin sucht einen Helfer für seine Armenrunde. Dabei ist viel zu lernen. Ich habe ihm Euern Namen genannt. Es ist Euch doch recht?»

Cléments Tagebuch

30. August 1792

Marcel war bei mir, und René ist hier! Mehr braucht nicht geschrieben zu werden.

Das Bündel

Am Abend des 1. September fuhr Abbé Fauchet in einer klapprigen Kutsche nach Versailles. Er verließ Paris nicht gern, denn er spürte wieder eine brodelnde Erregung in der Stadt. Danton war in den Vororten aufs neue am Werk. Aber die Pflichten des Abbé waren vielerart.

Im Dahinrumpeln dachte er an die Frauen und Kinder in Paris, die schutzlos wären, wenn die dreitausend Mann für die Front ausgehoben würden. Allein aus dem Departement Paris! Der Feind kämpfte sich auf die Argonnen zu. Vielleicht hatte er sie schon überschritten.

Abbé Fauchet sah sorgenvoll durchs Fenster. Auf der Straße ging ein einsamer Mann. Der Abbé ließ halten.

«Wo wollt Ihr hin, Bürger?»

«Ich weiß es nicht.»

«Kommt zu mir herein. – Oder wollt Ihr nicht?»

«Ich weiß es nicht.»

«Nun, kommt herauf!»

Der Mann stieg ein. Es war Pierre. Nach einem prüfenden Blick in sein Gesicht sagte der Abbé: «Ihr habt noch nichts gegessen heute?»

«Ich weiß es nicht mehr», sagte Pierre.

Fauchet kramte in seinem Beutel und reichte ihm einen Zipfel Wurst, den Pierre gierig verschlang.

Danach fragte der Abbé nichts mehr.

Als sie in Versailles einfuhren, wurde Pierre unruhig. «Ist das Versailles?»

«Es ist Versailles», sagte der Abbé.

Pierre seufzte tief. Er rüttelte an der Tür, öffnete sie aber nicht.

«Soll ich halten lassen?»

Pierre sah Fauchet verloren an. «Ich weiß es nicht.»

«Ihr kommt jetzt mit zu mir!» bestimmte der Abbé. Pierre ließ alles willenlos mit sich geschehen. Der Abbé nahm ihn mit in seine Hütte.

Jeden Morgen verließ Fauchet sehr früh das Haus. Jeden Abend kam er mit derselben sorgenvolle Miene zurück. Der Kutscher hatte indessen Pierre unbemerkt zu beaufsichtigen und ihm Essen auf den Tisch zu stellen.

«Was hat er heute getan?» fragte Fauchet.

«Wie immer, Monsieur. Er geht zum großen Platz vor dem Schloß und dort den ganzen Tag lang hin und her, als suche er etwas.»

«Er leidet – oder hat gelitten», sagte Fauchet. «Laß ihn in Ruhe, auch wenn er etwas tut, was du nicht verstehst. Man muß ihm Zeit lassen, sich wiederzufinden.»

◆

Eines Abends zogen grölende Horden durch Versailles. «Wir kommen aus Paris, aus Paris!» schrien sie.

«Wir haben es ihnen gezeigt, den Konterrevolutionären! Jetzt sind wir sie los! – Die Gefängnisse sind leer, sind leer! – Platz für die nächsten! Ha ha ha!»

«Wir haben Schlachtvieh in den Gefängnissen gemacht!» schrien andere.

«Barmherziger Gott!» sagte Fauchet leise.

Am nächsten Morgen las er dem Kutscher vor: «2600 Hingemordete! – Darunter 37 Frauen, 223 Priester, 82 königliche Leibgardisten und 66 Kinder!» Abbé Fauchet wischte sich die Tränen vom Gesicht. Ein Zeitungsjunge brachte ihm einen *Père Duchesne*. «Nummer 170!» sagte er wichtig.

Père Duchesne hebt mahnend den Zeigefinger!

Meine lieben Brüder Sansculotten! Auch ihr solltet euch bemühen, die Gesetze zu achten! Mit dem schlappen Blut der Konterrevolutionäre solltet ihr euch nicht besudeln!

«Ist das alles?» Zornbebend zerknüllte Abbé Fauchet die Zeitung und warf sie in den Kamin.

«Besorg mir ein Reitpferd», sagte er zum Kutscher. «Man soll es mir für zwei Tage leihen.» Noch vor Mittag ritt er nach Paris zurück.

Vor dem Kriminalamt in der Rue Vendôme band er das Pferd an, eilte die Treppe hinauf und drang, ohne anzuklopfen, ins Büro des Präsidenten ein.

«Wer hat diese Greuel ausgelöst, Bürger Chartres? Wer hat sie angestiftet? Oder war es Marats Plakat allein?»

Der Präsident Louis-Philippe von Chartres stemmte sich umständlich aus dem Sessel empor.

«Mir gegenüber», sagte er gekränkt, «hat sich Danton als Urheber der Sache bekannt. ‹Ich wollte zwischen die Pariser Jugend und die Emigrantenarmee›, so waren seine Worte, ‹einen Strom von Blut lenken.›»

«Und was werdet Ihr gegen ihn unternehmen?»

Statt einer Antwort starrte der Präsident den Abbé an, als sei er nicht mehr bei Trost.

«Bürger Chartres!» rief Fauchet mit kaum bezähmbarem Ekel. «Der ehrwürdige Name des Patrioten, der den ersten Revolutionären zurecht zugestanden hat, ist zum Begriff der Schande geworden! Ich möchte so nicht mehr genannt werden!»

Die Augenlider des Kriminalpräsidenten zuckten nervös. «Bitte sehr», sagte er.

«Wie froh kann der König sein», rief Abbé Fauchet laut, «daß diese Untat nicht mehr in seine Amtszeit gefallen ist!»

«Wie meint Ihr?» fragte der Präsident, als habe er schlecht gehört. Aber Fauchet hatte sich bereits zur Tür gewandt.

Als Abbé Fauchet nach Versailles zurückkam, war Pierre nicht mehr da.

«Es war sonderbar», berichtete der Kutscher. «Gestern kam er zu mir in den Schuppen. Da steht ja noch immer der Handkarren des lahmen Jungen, den Ihr vor drei Jahren mit nach Paris genommen habt. Und auf dem Karren lag noch das schmutzige Bündel. Er sieht den Wagen und das Bündel, stößt einen Schrei aus und hält mit beiden Händen den Kopf. Am Nachmittag war er weg – und das Bündel auch.»

Wenige Tage später kehrte Abbé Fauchet nach Paris zurück. An jeder Ecke klebte ein rot umrandetes Plakat.

21. September 1792
Die vom Volk gewählten 371 Mitglieder des neuen Konvents zogen um 12 Uhr 15 feierlich in die Manège ein und verkündeten ihr erstes Dekret:
Die Verfassung der Nation ist vollendet! Die Monarchie ist abgeschafft. *Frankreich ist Republik!*
Zur Bewachung des Königs und seiner Familie sind Kommissare der Stadtverwaltung ausgewählt worden. Zur Kennzeichnung tragen sie Armbinden mit der Lilie.

◆

Pierre hatte in Abbé Fauchets Schuppen das Bündel an sich gerissen und war davongestürzt. Bilder über Bilder aus der Vergangenheit stürmten auf ihn ein. Nur, was in den Tuilerien geschehen war, blieb ihm dunkel. Im Dahinstolpern fragte er sich immer wieder: Was habe ich mit diesen Händen getan? Bin ich Pierre?
Er ließ sich unter einen Baum fallen. Lang starrte er das Bündel an. Warum hatte er es mitgenommen? Warum nur? Es kam ihm vor wie ein böses, gefährliches Tier, das da neben ihm auf dem Boden lag. Nur zögernd streckte er die Hand nach ihm aus – und zog sie ängstlich zurück. Wieder tastete er sich heran. Ja, hier! Hier steckte er noch! Und noch einmal zog er die Hand zurück: Der

Leuchter! Mit ihm hatte angefangen, was dann in den Tuilerien geendet hatte. Er mußte diesen Leuchter zurückbringen, dorthin, wo er ihn mitgenommen hatte! Dann war er vielleicht wieder Pierre! Hastig sprang er auf.

Als er aber nach Les Granges kam, ausgehungert, verdreckt und erschöpft, saß im Pfarrhaus ein Priester, der den Bürgereid geleistet hatte. Von der Kanzel herab hieß er die Verbrechen der Revolution, die er «Maßnahmen» nannte, gut. Pierre stolperte aus der Kirchenbank und lief schreiend davon.

«Wo ist Vater Lénot?» rief er draußen verzweifelt. «Wo ist Vater Lénot?» Nur ihm konnte er den Leuchter zurückgeben! Leute umringten ihn mit neugierigem Grinsen. Hatten sie es mit einem Verrückten zu tun? Eine gebückte Alte zupfte ihn am Ärmel. «Geh doch in die Vendée», sagte sie, dort findest du ihn vielleicht, wenn er noch lebt.» Die Umstehenden lachten hämisch. In der Vendée sammelten sich die Konterrevolutionäre.

«Dort hinaus!» rief einer der Bauern und wies ihm den Weg.

Die Templerburg

Einer der Kommissare, die zur Überwachung des Königs in der Templerburg Dienst taten, war Hébert. Durch einen Türspalt beobachtete er das Gesicht des Königs, während er drunten im Hof einen Zeitungsjungen die Republik ausschreien ließ:

Riesenfreude des Père Duchesne:
Die Herrschaft der Sansculotten ist da! Vive la Nation!

Das Gesicht des Königs zeigte keine Regung.

Nun eröffnete Hébert dem König, daß er den Befehl habe, ihm alles abzunehmen, was er zu einer Korrespondenz verwenden könnte – und ihn von seiner Familie zu trennen. Der König stutzte einen Augenblick. Dann ergriff er die Hände seiner Lieben und sagte ruhig: «Ergeben wir uns!» Hébert senkte den Blick.

Auf der Straße wartete René. Er war gekommen, um Hébert abzuholen. Er hatte Funte dabei. Sie begleiteten den Kommissar Simon, der mit Hébert zusammen Dienst gehabt hatte, zu seiner Werkstatt. Simon war Flickschuster. Beim Abschied rief er munter:

«Ludwig, der Tempelritter, ist so sauer, als sei er mit Quark vollgestopft, weil er von seiner österreichischen Wölfin getrennt worden ist! Das könnt Ihr morgen in den *Père Duchesne* setzen, Hébert!»

«Verlaßt Euch drauf!» versprach Hébert müde.

Eine Weile ging René schweigend neben Hébert her. Dann fragte er: «Wie war's, Patron?»

Hébert schreckte aus seinen Gedanken hoch. «Ach, weißt du», sagte er, nach Worten suchend, «weißt du: das unbewegte Gesicht des Königs. Die fragenden Augen des Dauphin. Die gefalteten Hände der alten Tante. Die kleinen Zähne der Königin, die sich in die Lippe gruben. Und die gesenkte Stirn der kleinen Prinzessin! – »

Eine Weile wartete René; aber Hébert sprach nicht weiter. René wagte nicht, ihm ins Gesicht zu sehen.

«Übrigens», sagte er, um Hébert abzulenken, «Danton hat heute seinen Sitz auf dem Rathaus mit einem Abgeordnetensitz im Konvent vertauscht.»

«Dann hat er jetzt in der obersten Reihe seinen Platz nahe bei Robespierre: auf dem ‹Berg›!»

Die ganze Nacht hörte René Hébert oben auf und ab wandern. Was ging in diesem Mann vor? René hatte längst begriffen, daß der Patron einer von jenen Menschen war, die unausgesetzt nachdachten. Sehr früh am nächsten Tag kam Hébert mit einem Zettel herunter.

«Setz das, Jacques-Christophe!» sagte er und blieb stehen, bis der Drucker und René den Text gelesen hatten.

Père Duchesne Nummer 187:

Bürger! Warum sind wir heute unglücklicher als früher? – Damals wurden wir von einem *Meister* regiert! Jetzt setzen uns die *Knechte* den Fuß auf die Gurgel! Bürger! Begehrt auf! Diese Kaputtmacher sind mehr zu fürchten als die ganze Capetinger-Rasse! Sollen wir etwa ertragen, daß sich anstelle der einen Tyrannis, die wir vernichtet haben, gleich hundert andere erheben? Da wäre mir wahrhaftig lieber, ihr würdet die Templerburg aufbrechen und den eingelochten Capet nach Versailles führen! Ja, zum Teufel: Ich möchte die ganzen Freßgelage des alten Regimes dieser Legislative vorziehen, dieser Hand voller Räuber, die sich die Wappen eines vergangenen Königtums aufs Schulterblatt heften!

Als René und Jacques-Christophe diesen Artikel gelesen hatten, schauten sie Hébert neugierig von der Seite an. Seit er vom Temple zurück war, sah er so anders aus.

Geheime Zusammenkunft

Tag für Tag wartete Régine auf Nicole, die sich mit Marcel inzwischen gewiß täglich getroffen hatte. Wenn sie käme, würde sie Nachricht von den anderen mitbringen! Wie schön mußten sie es zusammen gehabt haben! Gemeinsam konnte man so vieles ertragen! Es kam ihr nicht in den Sinn, daß vielleicht auch die anderen damals in Versailles auseinandergerissen worden waren. Nur von Nicole wußte sie es jetzt.

Die Bürgerin Cato war in der letzten Zeit besonders freundlich zu Régine gewesen. Sie hatte ihr eine zierliche Porzellanvase geschenkt. Sie war blau. Und heute das blaue Tuch!

«Liebes Kind», sagte sie dabei, «heute abend bekomme ich Besuch. Zwei Freunde werden im grünen Salon eine Besprechung haben. Ich werde dir ein Tablett zurechtmachen. Du wirst aber diesmal im Flur vor der Tür des Salons bereitstehen, für den Fall, daß sie etwas brauchen. Ich möchte nicht, daß du zu den anderen darüber sprichst oder daß im Flur Licht gemacht wird, verstehst du? Oder hast du Angst im Dunkeln? Ein tüchtiges Mädchen wie du hat keine Angst. Die andern sind dumme Hühner. Und, Herzchen, achte darauf, daß keiner der Salontür nahe kommt! Hast du mich verstanden?»

«Gewiß, Bürgerin Cato.» Régine zeigte nicht, wie aufgeregt sie war.

Als es dunkel wurde, wartete sie in der Küche. Die Mägde und Diener waren bereits ins Gesindehaus hinübergegangen. – Es war ja Unsinn, mit Speisen im dunklen Flur zu stehen! Es ging wohl nur darum, daß keiner der Salontür zu nahe kam!

Jetzt war gedämpfter Hufschlag zu hören. Ein Reiter lenkte in den Hinterhof, band sein Pferd an und gab ihm den Futtersack. Es ging alles sehr schnell. Dann eilte er die Gesindetreppe hinauf. Man hörte die Tür des grünen Salons klappen.

Kurz danach geschah noch einmal dasselbe: Wieder kam ein Reiter. Auch dieser eilte die Treppe hinauf; und die Tür des grünen Salons klappte.

«Es müssen zwei Männer sein, die sich in diesem Haus auskennen!» dachte Régine, aber in der Dunkelheit hatte sie diese Männer nicht erkannt. Sie legte die Serviette über den Arm; und schon hörte sie aus Madames Zimmer das verabredete Klingelzeichen. Leise stieg sie die Treppe empor.

Durch die hohen Fenster fiel schwaches Mondlicht in den Flur. Kein Geräusch drang aus dem grünen Salon.

Plötzlich raschelte etwas von der Treppe her. Jemand schlich den Flur entlang. Régines Herz klopfte laut. Ihre Hände hielten krampfhaft das Tablett fest. Ein Teller stieß leise tönend an einen anderen, und der Schatten glitt mit einem kleinen, spitzen Schrei zurück. An diesem Schrei erkannte Régine die Obermagd.

Nach etwa einer Stunde öffnete sich die Tür, und der eine der Herren ging raschen Schrittes davon, ohne Régine bemerkt zu haben. Sie aber hatte ihn im herausfallenden Kerzenschein erkannt: Es war Hébert.

Es dauerte eine Weile, bis die Tür zum zweitenmal geöffnet wurde. Auf den Flur heraus trat der «liebe de Batz».

«Ach, sollst du mir was zum Essen bringen, mein Kind?» sagte er überrascht, Régine im Flur zu sehen. Er nahm eine Scheibe vom kalten Braten, steckte sie in den Mund und fischte ein Trinkgeld aus der Westentasche. Wie Hébert eilte er mit raschen Schritten davon.

Régine setzte sich auf einen Sessel im Salon. Das Tablett hielt sie auf den Knien. Die Gegenwart der Männer spürte sie noch im Raum. Sie dachte daran, daß Madame niemals die Revolutionäre und die Herren, deren Namen man nicht nannte, hier im Haus zusammenkommen ließ. Aber heute waren hier zwei Männer aus entgegengesetzten Lagern beisammen gewesen. Was war in der letzten Stunde hier in diesem Salon gesprochen oder gar geplant worden? Sie sah um sich, als könne die Luft ihr die Antwort liefern. Auf dem Kamin brannte nur eine einzige Kerze.

Cléments Tagebuch

22. September 1792

Heute ist Neujahrstag! Heute beginnt das Jahr 1 der französischen Republik. Man will auch die Monate anders benennen!

Mit einem prächtigen Gottesdienst soll der Sieg, den die Revolutionstruppen errungen haben, gefeiert werden. Der Diener hat den heutigen «Père Duchesne» neben den Kamin geworfen.

Riesenwut des Père Duchesne!

Ich stöhne nur, Brüder, wenn ich von der Eroberung einer Stadt höre, wenn sie fünfzehn- oder zwanzigtausend Menschenleben gekostet hat! Die Haare stehen mir zu Berge, sobald ich daran denke, wie dieses Land mit Leichen bedeckt ist! – Ich, jedenfalls, singe keine Hymnen auf die großartigen Siege!

Diese Sätze gefallen mir sehr gut.

2. Oktober 1792

Marcel hat mich die Treppe hinuntergetragen. Im Park hatte er neue Astgabeln für mich bereit. An seinem traurigen Blick sah ich, daß es mit mir viel schlechter geworden ist, als es früher war. «Ins Mechaniker-Café», sagte er. Es war ein schwerer Weg; aber ich freute mich.

«Na, mein lieber Monsieur Clément», rief Madame de Saint-Amaranthe, «kennen wir einander nicht schon?» Sie deutete zur Schirmnäherei hinüber und schüttelte den Kopf. Von Marcel erfuhr ich alles. Wir kehrten in der Erinnerung bis nach Les Granges zurück. Marcel hat René lange nicht mehr gesehen. Er konnte ihm noch nicht sagen, daß ich hier bin. Jetzt fehlen uns nur noch die Mädchen und Pierre!

In der Mitte des Cafés auf einer Konsole war das neue Fallbeil ausgestellt, das Doktor Guillotin erfunden hat. Ein Mann sagte, man müsse alle Henker Frankreichs auf halben Lohn setzen, weil sie nur noch am Seil ziehen müssen, damit das Beil herunterfällt. Ein kleiner Herr verlangte, daß die Erfindung Guillotine genannt würde. Jede Erfindung trage den Namen ihres Meisters.

Das Wichtigste habe ich vergessen, Marcel zu erzählen: meinen Verdacht wegen der sympathetischen Tinte!

Tumult im Konvent
und ein vergessenes Heft

Am 11. Dezember begleitete René Hébert zum erstenmal zu einer Versammlung des Konvents. Den Journalisten war erlaubt, ihre Übersetzer mitzubringen.

Vor der Manège stand eine Gruppe von Männern. Einer von ihnen lachte laut. Ein anderer sagte eigensinnig: «Aber gewiß doch, lieber Bürger de Batz!»

Für die Dauer eines Augenblicks wechselte Hébert mit dem unscheinbaren Herrn, der de Batz genannt worden war, einen erkennenden Blick; dann schob er René rasch durchs Tor.

Die Saaldiener stießen ihre Piken auf den Boden. Einer von ihnen schwang eine Handglocke. Aber es dauerte noch eine gute Weile, bis das leidenschaftliche Geschrei der Parteien leiser wurde. Vollständig verstummte es nie. Trotzdem hatte schon ein Redner mit seinen Ausführungen begonnen. Einige Abgeordnete klatschten. Auf dem «Berg» sah René Robespierre sitzen. Nahe bei ihm Danton. Während Danton klatschte, lachte er breit. Man hörte ihn im ganzen Saal. Robespierre schien dagegen völlig uninteressiert an dem, was bis jetzt vor sich gegangen war. Er rückte sein seidenes Halstuch zurecht und strich die Spitzenmanschetten über die Hände. René spähte angestrengt nach Robespierres Fingernägeln. Waren sie wirklich abgekaut?

Inzwischen war mehrfach das Wort «König» gefallen. «Der König soll sich rechtfertigen!»

Brüllendes Gelächter kam vom «Berg» herunter.

«Was wollen da die Girondisten? – Rechtfertigen soll sich der König?» Wieder das grölende Gelächter. Diesmal stimmte auch Robespierre ein.

«Wir denken nicht daran!» rief er. «Allein die Meinung, daß ein Louis Capet sich rechtfertigen könnte – allein dieses Wort ‹Rechtfertigung›, zusammen mit seinem Namen, kann nur von Konterrevolutionären erfunden worden sein!»

«Wir wollen den König nicht richten, wir wollen ihn töten!» schrie Danton.

Ein anderer Abgeordneter rief vom «Berg» herab: «Wem wollt ihr den Prozeß machen? – Dem König oder der Revolution?»

Alles lachte.

Dann forderte Robespierre Ruhe. Er stand auf. Mit eiskalter Logik sprach er:

Aufgrund des revolutionären Rechts ist Louis Capet unverzüglich zum Tode zu verurteilen! Er ist *kein* Angeklagter. Ihr seid *keine* Richter. Ihr seid die Vertreter der Nation und als solche gezwungen zu tun, *was dem Volke dient!*

Würdet ihr nach der Schuld des Königs fragen und er wäre *nicht schuldig*, dann wären diejenigen schuld, die ihn abgesetzt haben!

Der König *muß* also sterben, damit die Männer des zehnten August, die ihn abgesetzt haben, *recht behalten!*

Ein ungeheurer Tumult brach aus, der von den Saaldienern lange Zeit nicht bezwungen werden konnte. Endlich fiel die Entscheidung. Der «Berg» – also die obersten Ränge – ging als Sieger aus dem Streit hervor. Das Schicksal des Königs war besiegelt.

Auf dem Heimweg antwortete Hébert auf keine von Renés Fragen. Er nahm sie wohl gar nicht wahr. Erst zu Hause sprach er wieder. Er sagte zu seiner Frau:

«Françoise, an Weihnachten werden die Kirchen geschlossen. Sinnvoll wäre es überhaupt, man würde den Sansculotten Jesus draußen bei den Sansculotten feiern!» Nach einer Weile setzte er dazu: «Am Dreikönigstag ist meine feierliche Aufnahme in den Jakobinerclub.»

«Um so besser wird uns der Dreikönigskuchen schmecken»,

sagte Françoise lächelnd, und Jacques-Christophe bemerkte, er habe noch einige Zeilen in der morgigen Zeitung frei. Er reichte Hébert ein Stück Papier und einen Graphitstift. Hébert schrieb, ohne zu überlegen:

Brüder und Bürgerinnen! Backt keinen Dreikönigskuchen! Zwar bangt jetzt der eine von den Königen um sein Leben; aber da sind noch andere, die euern Kuchen fressen wollen! Zum Teufel!

◆

Eine Woche später hatte Hébert wieder Dienst in der Templerburg. Er löste den Oberkämmerer Chaumette ab, von dem er die Armbinde mit der Lilie übernahm.

Im Raum des wachhabenden Kommissars lag noch Chaumettes aufgeschlagenes Tagebuch auf dem Tisch; er hatte es offenbar vergessen.

Hébert überflog die letzte Eintragung. Er seufzte. Dann klappte er das Heft zu.

«Lauf ihm nach und bring es ihm, er kann noch nicht weit sein, René!»

René lief in den Hof. Plötzlich blieb er stehen. Kein Mensch würde auf ihn achten, wenn er las. Da stand:

Ich begleitete den ehemaligen König zum Wagen und vor die Schranken des Konvents. Fünf Stunden blieb er in der Manège zum Verhör. Ich hatte noch keinen Bissen gegessen. Ein Offizier bot mir ein wenig Brot und etwas Schnaps an. Als er mich essen sah, sagte Louis Capet zu mir: «Leider, mein lieber Monsieur Chaumette, habe ich ebenfalls noch nichts im Magen. – Wollt Ihr mir gütigst einen Bissen abgeben?»

Mein Gott! Welche Umkehrung! O geheiligte Menschenliebe! Bleib du meine Göttin und Führerin, was auch immer kommen mag!

Ich führte ihn zum Temple zurück und hielt alle aufrührerischen Zusammenrottungen von ihm fern. Jetzt ist es 8 Uhr abends, und er ist in seinem Turm eingesperrt! Der Abscheu, den ich grundsätzlich gegen Könige empfinde, hat mich nicht daran gehindert, ein Mensch *zu sein!*

Draußen auf der Straße stand Chaumette im Gespräch mit einem Posten. René reichte ihm wortlos das Tagebuch. Als er in die Wachstube zurückkam, fand er Hébert über ein Papier gebeugt. Soeben legte er die Feder beiseite und streute Sand auf die nasse Schrift.

«Jacques-Christophe soll das heute noch setzen!»

René ging. Draußen auf der Straße sprang plötzlich laut bellend Funte an ihm hoch. «So ein Gauner bist du!» rief René überrascht. «So ein durchtriebener Geselle!» Die Wachtposten lachten.

Am nächsten Tag stand im *Père Duchesne:*

Teufel noch mal! Tag um Tag vergeht, und im Konvent reden sie nur hin und her. Ich zweifle nicht mehr daran, daß es unter ihnen eine Partei gibt, die den versoffenen Capet retten will! Die Bestechungsgelder der europäischen Kronenträger tun offensichtlich ihre Wirkung!

Jetzt verstand er gar nichts mehr. René wollte zu Marcel.

Das kleine Haus

Dreimal war René inzwischen schon mit Funte zu Marcels Unterkunft gegangen, hatte aber keinen angetroffen. Diesmal fand er den Blinden im Durchgang.

«Marcel ist beim Professor. – Du hast den Hund mitgebracht, Bürger René?» Anatole tastete nach Funte, der es sich gefallen ließ, daß er ihm die Schnauze zuhielt.

«Früher hatte ich viele Hunde. Übrigens: Marcel hat Clément gefunden. – Oh, ich hätte es vielleicht nicht sagen sollen: Er will dich mit dieser Nachricht überraschen, sobald er kann!»

«Wo hat er ihn gefunden?» rief René und wäre am liebsten gleich hingelaufen. Aber der Blinde winkte ab und öffnete die Lattentür.

Marcel war kaum im Labor angekommen, als der Professor ihn beiseite nahm.

«Ich bitte Euch um einen Gefallen, Marcel. Ich vertraue darauf, daß Ihr darüber schweigt.»

Marcel sah ihn fragend an. Als er zustimmend genickt hatte, lud ihm der Professor einen Sack voller Holz auf den Rücken.

«Vergeßt, wo wir heute hingehen; es liegt mir viel daran!» Er selbst lud sich ein großes Bündel auf; Decken vielleicht; im Innern gluckste es wie in einer Flasche. Sie gingen durch mehrere Gassen zur Seine hin und bogen in die Gasse der Taubenschläge ein.

An einem kleinen Haus hob er dreimal den Türklopfer und ließ ihn fallen.

Eine alte Frau öffnete. Marcel merkte, daß sie taub war. Es mußte also noch jemanden geben in diesem Haus, der das Klopfen hörte. Bei ihr ließen sie die Lasten zurück. Stumm schloß sie die Tür, nachdem sie dem Professor verschiedene Zeichen mit der

Hand gemacht hatte. Im Weggehen wandte sich Marcel noch einmal um. Neben der Tür sah er eine Sieben an der Wand.

Als er nach Hause kam, sagte Anatole: «Du hast René verpaßt. Ich glaube, er wollte dringend zu dir.»

Cléments Tagebuch

2. Januar 1793

Was die Revolutionäre tun, wird mir immer unverständlicher. Was will Hébert? – Ist er ein Chamäleon, das mal die und dann wieder jene Farbe zeigt? Sein Père Duchesne ist die beliebteste Zeitung Frankreichs, habe ich mir sagen lassen. Welche Meinung vertritt er für sich selbst? Wenn René kommt, muß er mich über diesen Mann aufklären. Ich kann mir kein Bild von seinem Charakter machen. Ist er so grob und bieder wie sein Père Duchesne?

17. Januar 1793

Der Diener hat einen «Moniteur» zum Verheizen hereingebracht. Ich klebe den Artikel in dieses Heft. Beim Lesen hat mich großes Grauen gepackt.

Der Präsident des Konvents hat mit tränenerstickter Stimme erklärt:
«Im Namen des Nationalkonvents verkünde ich:
Die Strafe, die über Louis Capet verhängt wurde, ist
TOD AUF DER GUILLOTINE!»

Das Komplott

Jacques-Christophe stand nahe bei der Lampe und verschlang eines der rosa Briefchen seiner Anne Dumoulin.

«Lies lieber das da!» sagte René und reichte ihm den Artikel, den Hébert an diesem Abend in die Druckerei gelegt hatte. Das Briefchen verschwand in Jacques-Christophes Tasche.

Père Duchesne hebt mahnend den Zeigefinger!
Sansculotten! Louis Capet versüßt sich sein Sterben mit der Vorstellung, daß sein Sohn eines Tages regieren wird, um alle Übel zu rächen, die man seinem Vater angetan hat! – Aber zum Teufel! Solang das Weib und die ganze schlimme Verwandtschaft leben, werdet ihr keine Ruhe bekommen! Paßt also auf! Die kleinen Fische werden groß – und eure Freiheit hängt an einem Haar!

«Weißt du, Jacques-Christophe, daß man es dem König noch gar nicht gesagt hat?»

«Seine Verurteilung? Noch nicht gesagt?»

«Er sitzt abgesondert von der Welt im Templerturm.»

Jacques-Christophe ging schweigend zum Setzkasten hinüber.

Kurz darauf sahen sie nacheinander mehrere junge Männer kommen, die direkt in die Wohnung hinaufstiegen. Aber auch dann, als es schon an die zwanzig waren, hörte man unten in der Druckerei kein Geräusch. René und Jacques-Christophe warfen einander verständnisinnige Blicke zu: Komplott! – Hatte es etwas mit dem König zu tun?

Nicht sehr lange dauerte es, da verließen die Männer das Haus wieder. René nahm Funte an die Leine und schlenderte ihnen nach. In kleine Gruppen aufgeteilt, schienen sie doch ein gemeinsames Ziel zu haben. Sie gingen zur Seine hinunter und auf die andere Seite des Flusses. In der Gasse der Taubenschläge trafen sie mit anderen Männern zusammen. Die Tür eines kleinen Hauses öffnete sich. René las am Türpfosten die Zahl 7, darunter – kaum zu erkennen im trüben Schein der Straßenlampe – den Namen Lézadière. René nahm Funte auf den Arm und trat mit den anderen ein. Die Alte, die sie eingelassen hatte, verriegelte die Tür.

Auf dem Steinboden des engen Flurs polterten die Holzschuhe. Ein hochgewachsener Mann trat aus einem angrenzenden Raum. Das Talglicht, das er hochhielt, beleuchtete ein ausdrucksvolles Gesicht. Die Augen verrieten Wachsamkeit.

Das kleine Haus hatte einen erstaunlich großen Hinterhof. Jenseits von ihm war eine Scheune, in der bereits Lichter angezündet waren.

René band Funte im Hof an das Rad eines umgekippten Schubkarrens, den er im Dunkeln fand. Noch während er damit beschäftigt war, überquerte der Mann, der das Talglicht hielt, an der Seite eines anderen den Hof. Der andere war de Batz. In der Scheune wurde es still.

«Habt ihr abgezählt?» fragte de Batz, als René sich hereindrückte.

«Alle sechzig.» Die Lichter streuten einen schwachen Schein auf die Gesichter, in denen die Augen glänzten.

«Sind die Bestechungsgelder an die Wachen der Templerburg verteilt?»

Einige antworteten: «Ja.» Andere sagten: «Noch nicht alle.»

«Die Wachen des äußeren Tores wollen mehr», sagte einer.

«Sind die Wächter der kleinen Tore bekannt?» fragte de Batz.

«Alle bekannt.»

«Habt ihr mit Hébert besprochen, daß der Flickschuster Simon abgelöst werden muß?»

«Er wird es bewerkstelligen.»

«Habt ihr eine Nachrichtenkette mit Hébert vereinbart?»

Sie bejahten es.

«Monsieur Clavière», de Batz sprach rasch und hart, «bleibt es dabei, daß Ihr Eure Kutsche zur Verfügung stellt?»

«Es bleibt dabei.»

«Am Tag des Gerichts werdet Ihr Eure Kutsche hinter der ersten Mauer warten lassen und Euch anstelle des Königs in die Amtskutsche setzen, während Eure Kutsche mit dem König davonfährt?»

«Ich bitte um diese Ehre», sagte Clavière ruhig.

«Kurz vor dem Schafott werdet Ihr herausgeholt – von wem?»

Einige Stimmen riefen: «Von uns!»

«Das Tor Nummer 4 wird von den Befreiern des Königs benutzt werden. Wer ist für die Wache dieses Tores zuständig?»

Ein kräftiger Mann meldete sich.

«Wer ist für die Pferde verantwortlich, die an der Bastille bereitzustehen haben? – Bis dorthin werdet Ihr mit Clavières Kutsche im Schritt fahren, um kein Aufsehen zu verursachen.»

«Ich bin für die Pferde verantwortlich», meldete sich eine Stimme. «Drei Stellen auf dem Weg nach Passy sind für Ersatzpferde vorgesehen, falls das nötig sein sollte.»

«Von da an ist alles meine Sache», sagte de Batz. «Nun bitten wir Vater Edgeworth um den Segen für unsere Unternehmung.»

Der Mann, der aus dem Nebenraum in den Flur getreten war, als sie gekommen waren, trat vor, hob die Hände und sprach mit großem Ernst einen Segen.

◆

Schon bei den letzten Worten, die de Batz gesprochen hatte, hatte René das klägliche Winseln vom Hof her gehört. Er schlich hinaus, band den Hund ab, den er beschwichtigend auf den Arm nahm, und öffnete im Flur den Riegel vorne an der Tür. Als er das Haus hinter sich hatte, war er von dem, was er erlebt hatte, so aufgewühlt, daß er kaum atmen konnte. Er ging mit Funte zur Seine und setzte sich auf die Kaimauer. Er mußte seine Gedanken ordnen.

Alles war unbegreiflich! Der radikale Hébert, das Komplott,

dieser de Batz, der Plan, den König zu befreien! – Wie stand er selbst dazu?

«Bin ich ein Revolutionär oder nicht? Wenn ich einer bin, muß ich dieses Komplott sofort melden! Bin ich aber keiner, dann – – », weiter wußte er nicht. Denn kein Revolutionär zu sein, war für ihn undenkbar.

Die Hafenwache kam langsam näher. «Ich muß mich entscheiden!» Und dann fiel ihm der König ein, der noch nichts von seinem Todesurteil wußte.

Aber nicht der König tat ihm leid, als er seufzend aufstand. Der Mensch Louis Capet dauerte ihn, wie er den Stadtkämmerer Chaumette gedauert hatte! Er wickelte Funtes Leine um die Hand und ging mit ihm nach Hause. Das Komplott zeigte er nicht an.

Der Rettungsversuch

Drei Tage später hatte Hébert als Vertreter der Stadt Paris, zusammen mit dem Justizminister, die Pflicht, dem König sein Urteil zu verkünden. Beide Amtspersonen hatten ihre Schreiber dabei. Héberts Schreiber war René. Für 14 Uhr waren die Herren im Temple angesagt.

René schlug das Herz bis zum Hals. Sein Mund war ausgetrocknet. Die Hand, in der er die Kladde hielt, war eiskalt und abgestorben. Die andere zitterte wie die eines alten Mannes. Plötzlich fiel ihm das uralte Weib unter der Seine-Brücke ein, das gemurmelt hatte: «Der König ist matt! Der König ist matt!»

Auf jeder Treppenstufe der Templerburg stand eine Wache. Der König befand sich allein im Raum. Er empfing die Abgeordneten stehend. Dem Dauphin hatte man schon vor Tagen im oberen Geschoß ein Zimmer unter der Obhut des Flickschusters Simon gegeben.

«Meine Herren», sagte der König, «tut eure Pflicht. Ich höre.»

Der Justizminister sprach die Urteilsformel aus:

> **Tod ohne das Recht auf Berufung.**
> **Tod ohne das Recht einer Gnadenfrist.**

Das Gesicht des Königs verriet keine Regung. Nach einer Weile des Schweigens sagte er mit beherrschter Stimme: «Ich bitte um einen Aufschub von drei Tagen, um Zeit zur Vorbereitung zu haben.»

Der Justizminister machte eine ablehnende Handbewegung.

«Ich bitte, jenen Priester unverzüglich herzuführen, den man in der Gasse der Taubenschläge Nummer sieben antreffen wird. Man soll ihm eine Sicherheitsbegleitung geben.»

Der Justizminister murmelte verlegen: «Wird gewährt.»

«Ich bitte, daß mir erlaubt sei, mit meiner Familie zu sprechen. Und als letztes möchte ich die Sorge um meine Dienerschaft der öffentlichen Hand empfehlen. Es wäre nicht gerecht, sie in mein Unglück zu verwickeln.»

Nach diesen Worten geschah etwas Unerwartetes: Funte, der seinem Herrn unbemerkt gefolgt war, war durch die Wachen geschlüpft. Sie kannten ihn ja. Jetzt kam er in den Raum und beschnüffelte die Anwesenden. Der König beugte sich zu ihm nieder und strich ihm mehrmals zärtlich übers Fell.

♦

Die letzte Nacht, die dem König zu leben noch vergönnt war, brachten die Pariser auf den Straßen zu. Als der Morgen des 21. Januar anbrach, waren alle Fensterplätze vom Temple bis zu den Tuilerien teuer verkauft. René kletterte auf einen Prellstein. Am Abend zuvor hatten die amtlichen Ausschreier ein Ausgehverbot verbreitet: Kein Mann zwischen 18 und 25 Jahren durfte sich auf der Straße sehen lassen. Würden sich die Verschwörer daran halten?

Die Glocken der Martinskirche begannen zu läuten. Es war halb neun. Renés Herzschlag raste: Jetzt sollten die beiden Abgeordneten den König mit Vater Edgeworth in den inneren Burghof geleiten. Jetzt sollten die bestochenen Offiziere so tun, als ließen sie ihn in die Amtskutsche einsteigen, an der schon Clavière bereitstand! Jetzt mußten die beiden Abgeordneten zu ihren eigenen Kutschen geführt werden. – Und jetzt – jetzt muß Clavière von der einen Seite in die Amtskutsche umsteigen, während man den König auf der anderen herauszieht, um mit ihm durch das seitliche Tor zu entweichen.

Die Kutschen im Templerhof setzen sich in Bewegung! Jetzt muß sich der König in Clavières Kutsche schon unauffällig der Bastille nähern, wo die Pferde warten!

Jetzt müßte die Amtskutsche mit Clavière herankommen, während der König auf fliegenden Rossen nach Passy ritt!

Die Menschenmenge schrie auf: «Sie kommen!»

«Übt Gnade!» tönte es aus der Menge, als die Kutsche der Abgeordneten herankam. Ein Kind brüllte: «Vive le roi!» Die Mutter hielt ihm den Mund zu, während sie selber weinte. Wenn nur Clavière nicht versehentlich aus dem Kutschenfenster sah! flehte René. –

Dann versagten ihm die Knie: Durchs Fenster der Kutsche war das unbewegte Gesicht des Königs zu sehen. Seine Befreiung war mißglückt.

Héberts Tränen

Nahe beim Schafott saß Hébert auf der Tribüne. Er hatte die Berichterstatter zu überwachen. Kopf an Kopf standen die Menschen auf dem Platz der Revolution, auf dem die Guillotine aufgebaut war. Das Geschrei der Menschen verriet die Ankunft des Verurteilten. Hébert starrte der Kutsche entgegen.

Jetzt mußte Clavière aus der Kutsche herausgeholt werden. Und da, da warf sich auch schon ein junger Mann den Pferden in die Zügel! Ein kurzes Aufbäumen, Aufschreie der Schaulustigen, Waffengeklirr – – dann plötzlich nichts mehr. Hébert hatte die Hände ineinander gekrampft, daß die Knöchel weiß hervorsahen.

Jetzt fuhr die Kutsche langsam auf das Schafott zu.

Und dann hielt sie. Der Wagenschlag öffnete sich. Heraus stieg ruhevoll der König. Der fremde Priester folgte ihm.

Ludwig XVI. warf einen langen Blick in die Runde, während er einem Offizier die Hände zur Fesselung reichte. Dann stieg er, von Vater Edgeworth begleitet, die Stufen zur Guillotine empor. Dort wandte er sich um und rief:

«Ich wollte, mein Blut würde den Franzosen zum Glück gereichen!»

Ein Trommelwirbel fuhr ihm in die Rede. Die Augen des Priesters und die des Königs vereinigten sich in einem Blick unverbrüchlichen Vertrauens. Kaum merklich hob Vater Edgeworth die Hand.

Jetzt trat der Henker heran. Er schnallte den König auf das Kippbrett und brachte es in die Waagrechte. Dann gab er ein Zeichen; und der Knecht, der das Seil hielt, löste mit einem Ruck das Beil aus.

Ein Schrei stieg aus der Menge auf. Der Kopf des Königs fiel in den Korb.

Hébert, der aufgesprungen war, stand noch immer da, als könne er nicht glauben, was er gesehen hatte. Endlich besann er sich und wischte die Tränen vom Gesicht, die er vorher nicht gefühlt hatte. Ein Journalist bemerkte mit ironisch verzogenem Mund: «Bürger Hébert, Ihr weint doch nicht etwa um einen König?»

«Ach, wißt Ihr, Bürger Bô», antwortete Hébert verwirrt, «der Tyrann hat meinen Hund so geliebt. – Sonst nichts.»

Auch der Oberkämmerer Chaumette hatte Héberts Tränen gesehen. Bei der Abendeinladung, zu der er an diesem Tag ging, sagte er, um Hébert zu verteidigen:

«Wer könnte bei einem ähnlichen Unglück seine Tränen zurückhalten? – Diesen bedauernswerten König umzubringen! – Freunde, es ist unmöglich, daß sein Blut nicht über uns kommt, die wir es vergossen haben!»

Als Hébert vom Richtplatz nach Hause kam, fand er René zusammengekauert in seiner Ecke in der Druckerei. Sie sahen einander lange schweigend an.

Der schauerliche Umzug

Noch am selben Tag demonstrierte Doktor Guillotin an der Leiche des Königs die Arbeit des neuen Fallbeils. Gefängnisärzte, Professoren der Universität und Juristen waren zugegen. Auch der Professor mit Marcel.

«Und hier, Bürger Kollegen, habt ihr die aufsteigenden Blutgefäße. Und da seht ihr die glatte Trennung zwischen den Wirbeln. Der Schnitt ist perfekt vollzogen; ein Beweis dafür, daß die Guillotine», bei diesem Namen schmunzelte er ein wenig, «ein Segen für die Verurteilten ist. Bei dieser meiner Methode bleibt ihnen überhaupt keine Zeit mehr zu leiden.»

Marcel biß sich auf die Lippen. «Wahrhaftig, keine Zeit zu leiden!» murmelte er sarkastisch.

«Nun sei nicht so zimperlich, mein Junge! Hier wird etwas in einer heilsamen Absicht benutzt.»

«Wie Ihr meint», sagte Marcel bitter.

«In drei Tagen wird der Umgang mit der Leiche stattfinden. Diese Art von Prozession stammt aus dem Mittelalter. Man zeigt der Bevölkerung noch einmal den toten König, damit es an seinen Tod auch wirklich glaubt. Die Leichenwäscher werden bis dahin das Haupt wieder angefügt haben.»

♦

Eine Schwadron Reiter eröffnete den Prozessionszug. Es folgte ein schwarz verschleierter Mann, der auf einer Stange die Kleider des Königs trug. Eine Fahne folgte. Schwarz verschleierte Tamboure setzten ihre wilden Trommelwirbel zwischen die gedämpften Töne der Trompeten. Sechs Männer trugen den Leichnam des Königs auf einer Bahre. Die Halswunde war mit leuchtendem Rot geschminkt. Tausende von Parisern waren auf den Straßen. Ein großes Schweigen war unter ihnen. Nur hie und da hörte man eine Frau verhalten jammern, ein Kind greinen. Hinter der Bahre her schritten die Männer des Nationalkonvents. Es folgten die hohen Beamten der Verwaltung und die Richter aus den Départements und aus Paris. Den Schluß machten die Jakobiner.

Unter ihnen war Hébert. Neben ihm ging der Oberkämmerer Chaumette; ein Herr Desgenette auf der anderen Seite.

Diesem Herrn Desgenette zeigte Hébert verstohlen sein Taschentuch, an dessen Zipfel getrocknetes Blut klebte. Und genau in diesem Augenblick, als die Prozession an Marcel und dem Blinden vorbeikam, sagte er vernehmlich: «Es ist von *ihm!* Ich habe es heimlich eingetaucht!»

Ein paar Schritte weiter bemerkte Hébert seine Frau in der Menge. Man sah ihr an, daß sie bald gebären würde.

«Wie heißt Ihr mit Vornamen, Bürger Chaumette?» fragte er.

«Scipion – warum fragt Ihr?»

«Wollt Ihr Taufpate bei meinem Sohn werden, Chaumette?»

«Das Herz, das den Tod vor Augen hat», sagte Chaumette als Antwort, «sehnt sich nach jungem Leben.»

Marcel schaute der Prozession nach. Eine Gruppe betrunkener Frauen hatte sich angeschlossen. Sie trugen eine Tafel mit sich, auf der stand:

> **Seife 32 Sols, Brot 8 Livres!**
> **Freßt uns doch gleich vollends auf!**
> **Aber unsre Knochen**
> **sollen euch wie Spreißel**
> **in den Hälsen steckenbleiben!**
> **Fleisch ist keines mehr dran!**

«Hoho!» tönte es aus der Menge, und die Trauer und Hilflosigkeit schlug plötzlich in hemmungsloses Gelächter um.

«Gehen wir!» bat Anatole und legte Marcel die Hand auf die Schulter.

Zwei Tage später wurde Héberts Kind geboren. Es war ein Mädchen. Weil aber der Oberkämmerer darauf bestand, es aus der Taufe zu heben, und weil es Mode war, die Namen der alten Römer wieder zu beleben, nannte Hébert seine Tochter Scipion-Virgine.

Sechs Wochen später fuhr die Familie in Clavières Kutsche nach Passy, wo sie angemeldet waren. Auf der Treppe vor dem Landgut der Bürgerin Cato wartete ungeduldig Régine. Als die Kutsche am Fuß des Weinhügels auftauchte, schrie sie: «Sie kommen!» Daß ein Säugling im Haus sein würde, war etwas ganz Besonderes.

Ein Brief und Bekenntnisse

Jeden Morgen kam Marcel auf dem Weg zum Labor zu Madame de Saint-Amaranthe, um nach Nicole zu fragen. Keine Nachricht? – Sie war es schon so gewohnt, daß sie ihm, bereits ehe er die Tür geöffnet hatte, durchs Fenster ein Zeichen machte: Keine Nachricht. Sie schüttelte den Kopf; und er ging traurig weiter.

Da, eines Tages im Februar, winkte sie ihn mit einem Papier herein.

«Ein Brief von Nicole?» Ihm stockte der Atem.

«Das nicht, Monsieur Marcel – aber an Nicole! Das ist doch auch schon was?» Sie sah die Enttäuschung in seinem Gesicht.

Er drehte den Brief, der keinen Absender hatte, in der Hand um und um. Schließlich machte er ihn auf, und sein Gesicht hellte sich auf.

«Von Régine, Madame! Er ist von Régine! – Ich weiß aber nicht, wo sie ist. Nirgends ist eine Adresse.»

Nicole!

Warum nur bist Du nie mehr zu mir gekommen? Läßt man Dich nicht? Oder bist Du krank? Deine Adresse weiß ich nicht mehr genau. Gib mir also Nachricht, ob Du meinen Brief bekommen hast. Hast Du Marcel inzwischen getroffen? Was weiß er von den anderen? Ich sehne mich unheimlich nach Euch allen. Ich möchte weg, weg, weg von hier! Aber du weißt ja, wie es ist. Mehr sage ich nicht.

Deine und Eure Régine

Ich adressiere einfach an die Schirmnäherei im Palais Royal.

«Cécile Renault hat den Brief abgefangen, die treue Cécile, aus Angst, Madame Massot könnte ihn in Empfang nehmen. – Marcel,

wann und wo ist Nicole mit Régine nur zusammengekommen?»
«Es muß an dem Tag gewesen sein, als sie nach Passy ging, sonst hätte sie Euch bestimmt davon erzählt.»

Am Abend holten Marcel und René Clément in der Schreibstube ab.
Nachdem sie ihm Régines Brief gezeigt hatten, setzten sie ihn auf die quergehaltenen Astgabeln. Clément legte die Arme um die Schultern der Freunde. Er war unbeschreiblich glücklich. Sie trugen ihn in die Rue des Tanneurs.
Der Blinde tastete eben nach den Schwefelhölzern, um Feuer im Herd zu machen.
«Wir bringen Clément mit!» rief Marcel. Und René sagte: «Den Korbflechter von Les Granges!»
Der Blinde fuhr zusammen. Das Streichholz fiel ihm aus der Hand. Er sah vor sich den lahmen Jungen, die alten Korbflechter, das Achselzucken – seinen eigenen verächtlichen Blick. Er hörte das Wort ‹unbrauchbar›, das nicht nur der Alte gesagt hatte, sondern auch er selbst. Er sah die Brennholz tragenden Kinder in den Gängen des Schlosses und die gierigen Flammen, die wenige Wochen später so wild aus diesen Scheiten geknattert hatten. Er sah den Rauch, die Frau, die Kleinen. – Und er sah die haßerfüllten Gesichter der Bauern, die meinten, nun sei das Recht auf Gewalt auf ihrer Seite. Er stöhnte. Mit beiden Händen griff er nach seinem Kopf.
«Es macht doch nichts», rief René ahnungslos, «wenn ein Schwefelholz auf den Boden fällt. Man nimmt ein neues!»
Der Blinde tappte zu seinem Strohsack, warf sich darüber und verbarg sein Gesicht. Was mit ihm los war, wußte nur Marcel. Er nahm die Schwefelhölzer, beugte sich übers Herdloch und machte Feuer.
«Wir sollten reden», sagte er. Danach saßen sie um den Tisch und schwiegen.
Draußen wurde die Nacht blau und dann schwarz. Einmal stand Marcel auf, um den Laden vorzulegen. Er schob ein Holzscheit in die Glut und setzte sich wieder zu den anderen.

Nach einer Weile sagte René: «Hast du Kartoffeln?»

Marcel füllte einen Topf mit Kartoffeln, schöpfte aus der Bütte Wasser darüber, schwenkte den Topf ein wenig hin und her und goß das Schmutzwasser vor die Tür. Dann schöpfte er wieder Wasser über die Kartoffeln und setzte den Topf auf den Herd.

Der Blinde, der sich gefaßt hatte, stand auf, lehnte sich mit dem Rücken gegen die Wand neben dem Herd. Aus den Ritzen der Feuerstelle zuckten Lichter über sein Gesicht.

Als Marcel sich gesetzt hatte, sagte Anatole ruhig: «Ich bin der Graf von Les Granges.» Danach war Stille.

René sprach als erster wieder. Er stand auf und sagte: «Ich verkaufe mich für einen Monatslohn an einen Journalisten, der mit seinem *Père Duchesne* die Sansculotten täuscht, indem er sie glauben läßt, er sei ein radikaler Revolutionär. Für das, was er vorhat, braucht er ihre Sympathie. Was er aber vorhat, weiß ich nicht. Ich habe ihn sehr gern – und verabscheue ihn gleichzeitig. Ich bin nicht so eindeutig, wie ein Revolutionär es sein muß: Ich wußte von einem Komplott zugunsten des Königs – und habe es nicht angezeigt.»

«Und ich», sagte Marcel düster, «lerne in der Armenmedizin bei einem Mann, der ein Mordinstrument erfunden hat und dessen Anwendung heilsam findet!»

Jetzt wandten sich alle an Clément.

Clément sagte leise: «Ich habe mich lange Zeit selbst belogen. Denn die wahren Absichten des Herzogs von Orléans waren mir von jenem Augenblick an klar, als ich den Brief mit der sympathetischen Tinte sah: Er strebt nach dem Thron, und weil er dazu die Zustimmung der Wähler braucht, stellt er sich mit ihnen auf dieselbe Stufe.»

Nachdem alle gesprochen hatten, war es ihnen, als sei eine große Last von ihnen genommen worden, wenngleich sie sich nicht darüber täuschten, daß sie weiter mit ihr zu leben hätten. Marcel drückte es mit den Worten des Professors aus: «In jedem von uns ist eben ein ‹Dieser› und ein ‹Jener›!»

Die Verhaftung

Marcel war auf dem Weg zum Labor. Er schaute wie immer bei Madame de Saint-Amaranthe durchs Fenster. Sie schüttelte bedauernd den Kopf. Aber dann winkte sie ihn herein.

«Trinkt einen Kaffee bei mir, Monsieur Marcel!» Er sah, daß sie mißgestimmt war.

«Habt Ihr einen Kummer?» fragte er.

«Wer, Marcel, wer hat heutzutage keinen Kummer? Könnt Ihr mir den nennen? In unserm Land wird alles immer schlimmer: außen Krieg; innen Hungersnot und Zwietracht! – Und wie steht es mit der Politik – wenn man das überhaupt fragen darf? Die Jakobiner halten sich den Herzog warm. – Ihr wißt vielleicht wofür? Die Angeber von der Gironde verstehen unter dem Wort ‹Republik› nichts als die Tyrannei ihres eigenen Klüngels. Und weil sie es waren, die den entsetzlichen Krieg gewollt haben, der zu einem regelrechten Angriffskrieg geworden ist, reden sie uns ein, er bringe den Völkern die Freiheit! – Mit dem Blut unsrer Jungen, versteht sich!

Von meinem Bruder weiß ich, daß die Soldaten sich nur durchs Plündern am Leben halten können: keine Lebensmittel, keine Kleider, keine Schuhe, kein Sold! Wer hält die Heereslieferungen zurück? Wer hat ein Interesse daran? – Der ‹Berg›, um den Girondisten eins zu verpassen? –

Und jetzt die Bauernaufstände, die in der Vendée entbrannt sind! Und dazu die Aufstände der Konterrevolutionäre in den südlichen Städten! – Habt Ihr die Meinung, Marcel, daß man da heiter bleiben soll?»

Nahe der Tür hüstelte jemand betont. Sie hatten beide nicht bemerkt, daß ein Herr ins Café gekommen war. Madame de Saint-Amaranthe erschrak. Hatte er mitgehört? Sie lächelte krampfhaft.

«Oh, Bürger Doktor!» Zu Marcel sagte sie leise: «Der Gefängnisarzt!»

«Wollt Ihr nicht zu uns an den Tisch kommen? – Dies ist Bürger Marcel, der Assistent von Doktor Guillotin und Student der Medizin.»

«De Bussy mein Name: Doktor Thierre De Bussy. Gefängnisarzt. Täglich zweimal beim Dauphin. Blaß der Junge. Schlechtes Blut in den Adern, diese Aristokratie! Gehören weltweit an die Laternen – das heißt: jetzt hat man ja das Fallbeil meines Kollegen Guillotin. Habe Euch mit ihm gesehen bei der Leichenschau der Majestät, ha ha ha! Der Nachteil dieser Sache ist: Will man Bekanntschaft mit der Guillotine machen, ist keine Zeit mehr dazu, so schnell geht es. Viel zu human! Man merkt es daran, daß immer weniger Menschen zu diesem Spektakel kommen. Sie können sich im Grauen nicht mehr so richtig baden, die Leute. – Macht doch morgen mal die Runde mit mir durch die Gefängnisse, was?»

«Ich bin in einem Labor beschäftigt», sagte Marcel und stand auf. Er hatte es eilig.

«Na, wird nicht den ganzen Tag in Anspruch nehmen. – Also um zwei.»

◆

Marcel durchquerte den Park. Am großen Tor wurde er von Gendarmen aufgehalten. Über ihre Köpfe hinweg sah er ins Treppenhaus des Palais Royal hinein. Philippe Égalité wurde von zwei Sicherheitsbeamten heruntergeführt. Wie immer lachte er jovial zu seinen selbstgemachten Witzen. – Aber in seinem Lachen schwang – hörbar für Marcels Ohren – etwas mit, das klang wie Angst.

«Was ist hier los?» fragte Marcel.

«Verhaftung. Sein Sohn ist als Offizier zu den Preußen übergelaufen!»

Marcel begriff plötzlich, daß diese Verhaftung ein politischer Schachzug der Girondisten gegen die Jakobiner des «Berges» war.

Der Verrat des Sohnes war ihnen ein willkommener Anlaß.

«Von wem habt ihr den Befehl?»

«Vom Sicherheitsausschuß, Bürger.»

Ein Mann äffte den Gendarmen nach: «Sicherheitsausschuß! – Jetzt gibt es einen Sicherheitsausschuß, einen Wohlfahrtsausschuß, einen Überwachungsausschuß und ein Revolutionstribunal! – Wer für wen da ist, weiß keiner mehr zu sagen!»

Die Amtskutsche mit dem Herzog war abgefahren; aber immer noch standen die erregten Menschen vor dem Parktor. Eine tiefe Männerstimme war zu hören:

«Bürger! Die Ausschüsse machen uns zu Schnüfflern und Beschnüffelten! Sie reden uns ein, das Bespitzeln sei eine politische Großtat. Seht euch vor, Bürger! Man mißbraucht uns!»

Ein anderer zog einen *Père Duchesne* aus der Tasche und las schreiend:

Père Duchesne mahnt mit erhobenem Zeigefinger!
Jetzt ist der Augenblick gekommen, meine Sansculotten, an dem ihr diesen Leuten eure Klauen und Zähne zeigen könnt! Girondisten: Nur noch wenige Tage, beim Teufel, und ihr werdet nicht mehr existieren! Achtet wohl auf die Bombe, die losgehen will!

«Ja! Ja!» rief eine Frau. «Papa Duchesne weiß, was seinen Kindern fehlt! – Für diesen Artikel sollten wir Hébert ein Ständchen singen! Auf, wir gehen in den Mirakelhof!»

Der Lärm verklang in der nächsten Seitenstraße.

Teil IV:
April 1793 – September 1794

Sansculotten

Cléments Tagebuch

10. April 1793

Ich bin nach wie vor im Sekretariat des Herzogs, obwohl man ihn noch festhält. Aber die Obersekretäre tun so, als müsse seine Freilassung ganz rasch erfolgen. Sie schreiben Briefe über Briefe, die ich siegeln und abrechnen muß. Sie schreiben an alle seine Anhänger in den Provinzen, daß es nicht lange dauern wird, bis er wieder frei ist.

14. April 1793

Unsre Justiz ist schwer zu verstehen.

Der Nationalkonvent hat einige Männer aus seinen Reihen mit Ministerien betraut. Diese Männer nennen sich Wohlfahrtsausschuß.

Dem Wohlfahrtsausschuß untersteht der Sicherheitsausschuß, der so eine Art Polizei-Abteilung ist. Dieser Polizei-Abteilung untersteht das Revolutionstribunal. Ich denke mir, es ist ein Ausnahmegericht für die Zeit der Revolution. Dieses Tribunal wird von Geschworenen, Richtern und Anklägern gebildet.

Was ich nicht begreife, ist – und das steht in der heutigen Zeitung:

Um eine rasche Erledigung der Straffälle zu erreichen, wird auf die Zeugen und auf die Verteidigung der Angeklagten verzichtet!

Heißt das, daß man den Angeklagten weder Entlastungszeugen noch Verteidiger zugesteht? Wo bleiben da die Menschenrechte?

11. Mai 1793

Heute habe ich gelesen, daß Danton gesagt hat:

Seien wir schrecklich, damit das Volk nicht schrecklich werden muß!

Gehört er nicht selbst zum Volk?

Marcel wollte wissen, ob er mich nicht zu sich nehmen soll. Aber ich bleibe lieber noch hier. Trotzdem freue ich mich darüber, daß er es gesagt hat. René soll von Hébert mit einer Zeitungsfuhre auf eine Reise geschickt werden, sagte er. Auf welche, weiß René selbst noch nicht.

Zum letztenmal vor seiner Reise in die Vendée ging René neben Hébert zu einer Sitzung des National-Konvents. Aber jetzt nicht mehr in die Manège, sondern ins königliche Theater, wohin der Konvent umgezogen war. Unruhe war in den Rängen. Immer wieder wurde das Wort «Sansculotten» laut; und René dachte an den Aufruf im *Père Duchesne:* Jetzt ist der Augenblick gekommen, wo ihr eure Klauen und Zähne zeigen könnt!

Endlich begann die Sitzung. Durchs offene Fenster kam Vogellärm. Dann hörte man ein anschwellendes Gepolter wie von einem nahenden Gewitter, das schließlich von vielstimmigem Volksgeschrei übertönt wurde.

Ein Wachtposten stürzte in den Saal.

«Aufstand der Sansculotten! Sie haben das Arsenal gestürmt! Kanonen mitgenommen, Handwaffen, Munition!» Er wischte sich den Schweiß vom Schädel. «Marat hat sie aufgewiegelt!»

Schon drangen Anführer der Sansculotten in den Saal ein.

«Setzt die Girondisten ab!» riefen sie. «Weg mit ihnen! Sie allein sind an der Hungersnot schuld! Sie haben die Teuerung gewollt!» Und sie verlasen eine Liste von zweiundzwanzig Mitgliedern des Konvents, die Girondisten waren.

«Macht ihnen den Prozeß! Jetzt bestimmen wir, die Sansculotten! Die Stadtväter von Paris stehen einstimmig hinter uns, mitsamt den Volksgesellschaften aus den Vororten! Wir Sansculotten sind nicht mehr euer Treibvieh! Jetzt machen wir unsre eigene Politik!

Das ist *unsere Revolution!*»

Ein verhaltener Aufschrei kam aus den Reihen der Abgeordneten:

«Hier wird dem Konvent die Regierung aus der Hand gerissen!»

Robespierre sprang auf.

Bürger Sansculotten! Wie könnt ihr in ein frei gewähltes Parlament mit diktatorischer Waffengewalt eindringen? Bedenkt, daß der Konvent das einzige Gremium ist, das unser Vaterland noch retten kann! Ohne Konvent ist es verloren!

Aber die Sansculotten zogen sich erst dann mit ihren Waffen zurück, als man ihnen die zweiundzwanzig Girondisten ausgeliefert hatte.

Als sie aus dem Saal geführt wurden, waren ihre Gesichter von Hoffnungslosigkeit verstört. An den Ausgängen wartete bereits die Bürgerwehr, die sie in die einzelnen Gefängnisse eskortieren sollte. In diesem Augenblick verabscheute René den *Père Duchesne,* für den er vor ein paar Jahren durchs Feuer gegangen wäre.

Ein seltsames Wiedersehen

Drei Fuhrwerke warteten im Mirakelhof vor der Druckerei. In großen schwarzen Buchstaben waren die Worte PÈRE DUCHESNE auf die Planen gemalt. Die Rösser scharrten ungeduldig mit den Hufen. Knechte waren dabei, Packen von Zeitungen zu verladen. Der *Père Duchesne* war Soldatenzeitung geworden.

«Die Fuhren gehen an die Nationaltruppe, die in der Vendée gegen die Aufständischen kämpft», rief ein Mann, der es von einem Knecht erfahren hatte. Eine Frau bemerkte bitter: «– wo der Bürgerkrieg tobt: Franzosen gegen Franzosen!» Sie hielt den Kopf gesenkt, griff nach dem Schürzenzipfel und preßte ihn auf die Augen.

In der Wohnung über der Druckerei stand Hébert am Fenster. Er sah, wie Jacques-Christophe aus dem Haus trat und die Fuhrleute entlohnte. René war wohl noch kurz bei seinem Freund Marcel, den Hébert noch nie kennengelernt hatte. Das Pferd, das René nehmen sollte, war noch nicht gebracht worden. Morgen vielleicht. Wenn er dann zügig ritt, konnte er die Planwagen noch vor Chartres einholen.

Ich werde ihm die Pistolen mitgeben, dachte Hébert. Kein Mensch reist mehr ohne Waffen! Auch die Fuhrleute dort unten, die jetzt auf die Böcke kletterten, hatten ihre Waffen bei der Hand.

Hébert war am nächsten Morgen eben dabei, in den Konvent zu gehen, als Renés Pferd gebracht wurde. Er konnte sich nur noch flüchtig von ihm verabschieden. «Heute ist der dritte Juni», sagte er im Wegeilen. «Wenn alles glatt geht, könnte er mit dem Transport – könnte er –», und er rechnete sich aus, wann er René würde zurückerwarten können.

René erreichte den Zeitungstransport noch vor Chartres, wie Hébert es sich ausgerechnet hatte. Hinter Chartres ließ er die Fuhren nach Süden abbiegen. Die Straße stieg an, um jenseits des Hügels ins Tal des Loir hinunterzuführen. Plötzlich brach aus einer Geländefalte eine bewaffnete Horde hervor und versperrte die Straße. An ihren Hüten trugen sie die weiße Kokarde der Aufständischen. Die Fuhrleute schossen sofort. Pferde bäumten sich auf, Rauch stieg aus den Flinten hoch, ein Wagen brannte. Männer lagen auf der Straße.

René wußte nicht, warum er hingefallen war und warum es ihm nicht gelingen wollte aufzustehen. Die Pistole lag weit weg im Gras.

«Bemühe dich nicht, Freundchen!» rief der Anführer. «Ich habe dir eins verpaßt, um in Ruhe mit dir reden zu können, ehe ich dich ins Jenseits befördere!»

René starrte dem Mann ins Gesicht. Dann sagte er mit zitternden Lippen: «Pierre.»

Blut lief aus seinem Hosenbein. Und dann begann der Schmerz.

Auf dem Weg zu einem Steinbruch, in dem sich das Lager der Aufständischen befand, wurde René ohnmächtig. Er sah nicht mehr, daß die Rosse ausgespannt wurden, soweit sie sich nicht selber schon losgerissen hatten. Die Fuhren wurden in Brand gesteckt. Er merkte auch nichts von den tief erschrockenen Blicken, die Pierre ihm zuwarf.

«Versorgt die Verwundeten – und den da gut!» befahl Pierre nahe beim Steinbruch. «Die Mädchen sollen ihn sorgfältig pflegen!» Dann wandte er sich um und stieg in den hohen Wald hinauf.

Eine Hütte verbarg sich hinter Brombeerranken und vermoderndem Astgewirr. Hinter dem Fensterladen holte Pierre einen gekrümmten Eisenstift hervor, steckte ihn ins Türschloß und machte auf. Drinnen warf er sich auf die Bank, die an der Wand entlang lief, und starrte ins Gebälk hinauf.

«Ich habe auf meinen Freund geschossen!»

Damals, in der Kirche von Les Granges, hatte er sich geschworen, er wolle nie mehr etwas mit der Revolution zu tun haben! Nie mehr ein Glied in diesem Räderwerk sein! Irgendwo war er dann mit den Aufständischen in der Vendée zusammengekommen, mit dieser Armee von Landjunkern, Bauernburschen, föderalistischen Provinzlern und eidverweigernden Priestern. Und er hatte geglaubt, diese Konterrevolutionäre seien nun die Richtigen; bei ihnen liege in Wahrheit das Recht. Er wollte zu ihnen gehören; und damit sie ihm glaubten, schenkte er ihnen den Leuchter.

Aber auch bei diesen Aufständischen war er sehr rasch zum Täter geworden. Wie die eifernden Priester, die zu seiner Horde gehörten, hatte er geplündert. Er hatte wie sie getötet und gebrandschatzt. Am Leben gehalten wurden sie mit englischem Geld, mit dem Gift, das die französische Nation umbringen sollte.

Bald wurden sie von Revolutionstruppen aufgespürt. Beim Kampf hatten sie viele Tote. Die Verwundeten brachten sie in einen versteckten Schafstall in einem unwegsamen, sumpfigen Gebiet, in dem vertriebene Nonnen lebten.

Und dort sah Pierre Nicole wieder. Ihre Augen waren wie früher!

Drei- oder viermal brachte er erbeutete Kleider hin, Lebensmittel, Medikamente. Dann fragte er eines Tages: «Kommst du mit mir?» Er hatte keine Hoffnung, daß sie mitkommen würde.

Nicole senkte wortlos den Kopf.

Ins Ungewisse will ich sie bringen, dachte er, statt sie hier bei diesen Frauen zu lassen, wo es ihr gut geht! Und eine Stimme pochte in ihm: Mar – cel – Mar – cel – Aber er brachte die Stimme zum Schweigen.

«Komm mit, Nicole!» bat er drängend. Seither war sie bei ihm. Schon immer hatte sie dem stärkeren Willen nachgegeben.

Jetzt aber würde sie drunten im Steinbruch René sehen; und was sie ihn fragen würde, konnte Pierre sich denken: ‹Wer hat dir das getan?› Und: ‹Wo ist Marcel?› Und sie würden zusammen über die

Hoffnung weinen, mit der sie aus Les Granges aufgebrochen waren – damals als Club 89!

Er! – Er, Pierre, war an allem schuld! Er hatte die anderen angeführt!

«O Gott!» Wie sollte er jemals aus diesem Teufelskreis herausfinden? Gab es denn nirgendwo einen Flecken, auf dem man schuldlos würde leben können?

Es wurde dunkel, und er verließ die Hütte. In der Nähe bellte ein Fuchs. Als Pierre den Zweispitz aufsetzen wollte, fiel die weiße Kokarde in seinen Blick. Er riß sie zornig ab.

♦

Allmählich hörte Hébert zu hoffen auf und sah die Zeitungsfuhren als verloren an. Er bat Jacques-Christophe, einen anderen Transport in die Vendée zu begleiten. Die Soldaten warteten mit Ungeduld auf ihren *Père Duchesne*. Vielleicht würde es Jacques-Christophe gelingen, etwas über René herauszufinden.

Im ganzen Haus hatte sich Bedrückung breitgemacht. Alle vermißten René.

Funte hatte zwei Nächte gewinselt und gejault. Vor einigen Tagen war er plötzlich verschwunden. Keiner glaubte mehr, daß er zurückkommen würde. Es gab zu viele Hundefänger und zu viele hungrige Menschen.

Nun waren die Planwagen gepackt, die Planen festgezurrt. Morgen früh würde man bereits ein gutes Stück von Paris entfernt sein. Jacques-Christophe schnallte die Satteltaschen zu; die Fuhrleute kletterten auf ihre Sitze. Mit der einen Hand zogen sie die Peitsche aus der Halterung, mit der anderen lösten sie die Bremskurbel. Da kam Marcel mit Funte in den Mirakelhof.

«Funte!» rief Jacques-Christophe; und dann zur Druckerei hin: «Es ist Marcel, Patron, Renés Freund!»

Dann saß er auf, und die Fuhrleute, die neugierig zugehört hatten, knallten mit den Peitschen. Schwerfällig zogen die Rösser an.

Hébert kam heraus. «Ich sorge mich um René», sagte er und klopfte Funte das Fell. «Na, du räudiger Streuner!»
«René fällt immer auf alle viere, Bürger Hébert.»
Hébert wiegte zweifelnd den Kopf.

Das also war Hébert! Marcel hatte ihn noch nie von der Nähe gesehen. Héberts Gesicht war fein gebildet, schmal, sensibel. Die Augen klug. Wie hatte dieser Mann einen Père Duchesne erfinden können? Wer hatte ihn die Sprache der Gosse gelehrt, die im Volk so zündete?

«Gerade wenn er auf alle viere gefallen wäre, Bürger Marcel», erwiderte Hébert, «hätte er schon etwas von sich hören lassen, oder nicht?»

Dieses «oder nicht?» hatte Hébert mit einem so feinen Lächeln gesagt, daß Marcel von diesem Mann, von dem er doch wußte, welches Spiel er trieb, ganz eingenommen war.

«Darf ich Euch ein Glas Wein anbieten?» fragte Hébert. Aber Marcel befand sich auf dem Weg zum Temple, wo der Gefängnisarzt ihn beim kranken Dauphin erwartete.

Cléments Tagebuch

30. Juni 1793

Philippe Égalité ist noch immer nicht freigelassen worden. Der Geheimsekretär besucht ihn täglich im Gefängnis und holt sich Arbeitsanweisungen.
Eine seltsame Veränderung ist mit Lecris vor sich gegangen, seit der Herzog nicht mehr da ist: Zuerst verschwanden die grauen Ärmelschoner; jetzt zieht er sogar schon farbige Kleider an. Sein Wesen hat etwas Hochmütiges bekommen. Ich merke es unter anderem daran, wie er mir die Post auf den Tisch wirft und dabei sagt: «Ich bitte um Beeilung!»

7. Juni 1793

Ich war wieder bei Marcel. Von René noch keine Nachricht. Als Marcel mich holte, haben wir unterwegs Schnupftabak für Anatole gekauft, den er so lang entbehrt hat. Beim Bezahlen war Marcel sehr vergnügt. Sein immer trauriges Gesicht war auf einmal sehr jung.

«Zum erstenmal kann ich ihm eine wirkliche Freude machen, weil ich das Geld dazu habe. – Verstehst du das, Clément?»
Aber es war eine kurze Freude für Anatole. Der Schnupftabak brannte in seiner zerstörten Nase.
Ich schreibe das deshalb auf, weil Anatole für das Pulver eine ovale Dose aus dem Hosensack gezogen hat, die aussah wie die, welche ich aus Les Granges mitgenommen habe. Während er am Tisch saß und seine Finger das Pulver umfüllten, sah ich, daß im Deckel ein anderes Bild ist als in meiner. Aber das Mädchengesicht in seiner Dose ist auch sehr schön. Ich habe die Naht meines Strohsacks aufgemacht und meine Dose hervorgeholt. Ich werde sie von jetzt an auch in der Hosentasche behalten.

13. Juli 1793

Heute, mitten in den Vorbereitungen für das vierte Geburtstagsfest der Revolution, ist der Arzt und Journalist Marat ermordet worden. Es heißt, eine junge Konterrevolutionärin habe es getan, nachdem sie in der Waffenhandlung von M. Cabot sich einen spanischen Dolch gekauft hatte.

26. Juli 1793

Ich war wieder bei Marcel. Anatole zog die Dose aus der Hosentasche, klappte den Deckel auf und roch am Schnupftabak. Das ist das einzige, was er sich erlauben kann. Und doch zeigt sein Gesicht einen glücklichen Ausdruck dabei. «Clément, mein Lieber, ich bin viel unbrauchbarer als du!» sagte er. Und er lächelte Verzeihung heischend. Aber ich will nicht, daß er sich an diese Worte erinnert. Ich habe sie längst vergessen. – Von René wissen wir noch nichts.

27. Juli 1793

Heute ist die Todesstrafe eingeführt worden für Leute, die Lebensmittel speichern. Was für eine Maßnahme!

Der kranke Junge
und ein neuer Versuch

Marcel hatte im Temple alle Wachen passiert. Neben dem Bett des Dauphin standen der Doktor und der diensthabende Kommissar Simon, den man mit der Erziehung des Prinzen betraut hatte. «Damit ein rechter Sansculotte aus dem Jüngelchen wird!» Doktor De Bussy öffnete seine Instrumententasche, als Marcel hereinkam.

Der Junge hatte die Decke übers halbe Gesicht hinaufgezogen. Sein fiebriger Blick wanderte zwischen den Männern hin und her. Dann glitt er suchend zur Tür. Aber man hatte die Königin nicht zugelassen.

«Man hält ihn vom üblen Einfluß seiner Mutter fern», sagte der Flickschuster mit so viel Stolz in der Stimme, daß man merkte, wer der Königin den Zutritt verweigert hatte. «Sie ist vom Hofleben verdorben!»

Der Dauphin schloß die Augen.

Ein wenig klopfte der Gefängnisarzt auf der Brust des Kindes herum, nahm sein Hörrohr aus der Tasche und reichte es Marcel.

Marcel sah, daß der Junge zusammenzuckte, noch ehe er das Hörrohr angesetzt hatte. Er sagte: «Nimm es einen Augenblick unter deine Decke, dann wird es warm.»

Der Dauphin sah ihn groß an, griff zögernd nach dem Hörrohr und ließ es kurze Zeit in der Wärme des Bettes. Dann reichte er es Marcel zurück. Als die Untersuchung beendet war, verordnete der Gefängnisarzt kalte Güsse. Marcel sah ihn fassungslos an.

Unten im Hof fragte der Doktor den Flickschuster in seiner abgehackten Sprechweise: «Noch lange Dienst heute?»

«Vertrete Hébert, der umzieht», sagte Simon auf dieselbe Weise.

«Umzieht? – Wohin?»

«Neue Égalité, die Nummer vergessen.» Er kratzte sich auf dem Kopf.

«Gute Gegend das!» sagte der Doktor. «Nummer 324 wohnt mein Perückenmacher – und 314 mein Bankier!» Er kletterte vor Marcel in die Kutsche.

Als die Kutsche anruckte, hörten sie draußen einen Zeitungsjungen brüllen: « Père Duchesne hat was zu sagen!»

Der Doktor warf zwei Sols aus dem Fenster und zog einen *Père Duchesne* herein. Unter meckerndem Gelächter las er:

Ich war im Temple, Sansculotten, wo Madame Capet eingesperrt ist – blaß und zitternd. Nah an ihr Sprechfenster neigte ich mein Ohr, um ihr Geheul zu verstehen.

In der Nacht darauf träumte mir von Marat. Der sagte zu mir: ‹Trotz deiner Brille, mein Alter, siehst du nicht, was sich zusammenbraut! –

Gewiß muß diese Schurkin auf dem Schafott büßen! Und zwar so schnell wie möglich – aber du siehst nicht, daß sie nur ein Knochen ist, den man einem bellenden Hund in den Rachen wirft!

Man hofft nämlich, über einem Prozeß dieser häßlichen Frau würdet ihr die inhaftierten zweiundzwanzig Girondisten vergessen!›

Marcel wandte sich ab. Wie paßte die elegante Neue Égalité zu diesem *Père Duchesne*? Und er fragte sich zum soundsovielten Male, was denn Hébert wirklich bezweckte. Worauf wollte er mit seinem Doppelspiel hinaus?

Dort drüben ging er über die Straße, vorgebeugt – wie Menschen, die in Gedanken versunken sind. Seine Hand tastete unbewußt immer wieder nach der Rocktasche; Marcel hätte gerne gewußt, was darinnen war.

◆

In der Nähe des Mirakelhofes stieg Marcel aus. Er wollte in die

Druckerei, um nach René zu fragen. Die Werkstatt war leer. Aber oben in der verlassenen Wohnung wurden Gegenstände gerückt. Vielleicht war dort ein Maler.

Marcel nahm ein frischbedrucktes Zeitungsblatt, das noch naß war, und wartete. Er las:

Père Duchesne wird etwas gefragt:
«Warum hast du nicht längst wieder einen Besuch bei der Witwe Capet gemacht?»
«Teufel noch mal! Ist diese österreichische Wölfin noch immer nicht hingerichtet? Einen Besuch soll ich bei ihr machen? – Lieber gäbe ich diesem Gefängnis einen Fußtritt!»

Während Marcel dasaß und las, hörte er jemanden in die Druckerei kommen, kümmerte sich aber zunächst nicht darum. Der Artikel hielt ihn noch gefangen. Dann sah er unter den Druckpressen hindurch die Beine und Oberkörper von zwei Menschen. Und wenngleich er ihre Gesichter nicht sehen konnte, erkannte er doch Hébert und eine Frau.

Eben wollte er sich bemerkbar machen, als Hébert aus der Rocktasche ein Papier hervorzog und leise, aber mit Triumph in der Stimme, sagte: «Françoise, das ist der falsche Befehl, mit dem wir die Königin aus dem Gefängnis befreien!»

Die Frau nahm das Papier an sich und las: Befehl, die österreichische Wölfin zum Verhör abzuführen – «Oh, Hébert», rief sie, «diesmal *muß* es glücken!»

«De Batz hat ausgezeichnet vorgearbeitet», sagte er. «Es kann losgehen.»

«Wann?» – «In der Nacht vom zweiten auf den dritten September.»

Dann sprachen sie von Alltäglichem. Kurz danach gingen sie ins obere Stockwerk.

Marcel war so verkrampft, daß er kaum atmen konnte. Jetzt so rasch wie möglich weg! Würden sie ihn entdecken – oder hätten sie ihn entdeckt – – lieber Himmel! Was geschah mit einem, der zu viel wußte?

Régine und Scipion-Virgine

Régine saß im Hinterhof und pellte Erbsen. Zum Mittag wurde die Familie Hébert erwartet.

Über ihr stand das Fenster offen, und so hörte Régine, wie die Bürgerin Cato die Ankömmlinge begrüßte. Sie lauschte: Hatten sie das kleine Kind wieder mitgebracht? Am Mittag stand sie mit Serviette und Tablett im Speisesaal, stumm und unbewegt. Man konnte ihre Anwesenheit fast vergessen.

«Wißt Ihr keine zuverlässige Magd für mich, Bürgerin Cato?» fragte Madame Hébert. «Ich brauche jemanden für das Kind.»

Madame de Rochechouart zuckte mit den Schultern, als ihr Blick zufällig auf Régine fiel. Aber er glitt gleich wieder von ihr ab, und sie lenkte das Gespräch geschickt auf ein anderes Thema.

«Gestern nachmittag», sagte Françoise, «als Hébert in der Sitzung war, hatte ich Besuch von Kommissar Simon.»

«Der den Dauphin zu einem guten Sansculotten erzieht», warf Hébert ironisch ein.

«‹Madame›, hat er zu mir gesagt, ‹mein königlicher Zögling ist ein Junge, so schön wie der helle Tag. – Nur leider –›, und jetzt hielt er die Hand geheimnisvoll vor den Mund, ‹leider hat er unanständige Gewohnheiten!›»

Régine glaubte, nicht richtig gehört zu haben. Hatte Madame Hébert bei den letzten Worten geschluchzt?

«Er tut dir leid, Françoise», sagte Hébert nach einer Weile, in der keiner sprach.

Sie nickte. «Er darf nicht mehr an die Luft. Er darf mit keinem anderen Kind spielen. Er darf nicht weinen. Er darf nur noch mit dem guten Simon sprechen, dem er wahrscheinlich schon mit fünf Jahren an Wissen überlegen war. – O Lieber! Ich denke an Scipion-Virgine; und daß wir ihretwegen in die Neue Égalité gezogen sind – damit sie in einer anständigen Umgebung aufwachsen kann! Gibt es denn keine Möglichkeit, das Schicksal des armen Jungen zu erleichtern?»

Hébert schüttelte den Kopf. «Keine.»

«Übrigens», sagte die Bürgerin Cato, die es sich überlegt hatte, «ich könnte notfalls auf dieses Mädchen da verzichten.» Sie deutete auf Régine. Und so sehr auch Régine innerlich freudig zusammenschrak, hielt sie sich doch nach außen hin unbeteiligt. In ihrem Kopf summte nur ein einziges Wort: Paris! Allmählich aber verwandelte es sich zu einem ganz anderen Wort: Clément! Und langsam wurde daraus: die anderen. – Und dann kam ihr zum Bewußtsein, daß sie das Kind eines Mannes hüten würde, dessen geheime Verrätereien sie kannte.

Vom Nebenzimmer her, wo man sie hingelegt hatte, tönte Scipion-Virgines Stimmchen.

Am Abend fuhr Régine mit der Familie Hébert nach Paris.

Die Mädchenkammer, die Françoise ihr zuwies, lag unter dem Dach. Mit einem Stielhaken konnte man von der Küche aus ein Quadrat aus der Holzdecke herabziehen. Wenn es unten war, bot sich eine Leiter an. «Und wenn du im Winter frierst, dann läßt du nachts die Falltür einfach auf, dann steigt die letzte Wärme aus dem Herd zu dir empor.» Régine gefiel dieses Nest.

Der Pate Chaumette kam, um Scipion-Virgine zu sehen. Er nahm Hébert beiseite und sagte so, daß es Françoise nicht hören konnte – aber Régine hörte es im Vorbeigehen –:

«Bei den Jakobinern hat man sich über dich beklagt, mein Lieber.»

«Wie das?» wollte Hébert wissen.

«Du würdest den Prozeß der Königin verzögern. – Nimm dich in acht!»

«Was soll mir passieren, Chaumette? Ich habe die Sansculotten hinter mir!»

Cléments Tagebuch

17. September 1793

Heute ist im Konvent etwas Schlimmes geschehen. Etwas Schlimmeres kann ich mir nicht vorstellen: Es gibt jetzt ein Gesetz, nach dem eine Verdächtigung genügt, um einen Menschen schuldig zu sprechen. Zu welcher Tyrannei ist die Revolution geworden!

3. Oktober 1793

Paris ist in Aufruhr! Heute nacht haben Konterrevolutionäre versucht, die Königin zu befreien. Es heißt, man habe sie über die Grenze zu den Emigranten-Heeren bringen wollen. Der Diener hat den Fetzen einer Zeitung hereingebracht. Da steht, warum der Befreiungsversuch mißglückt ist:

Die Königin schlief noch nicht, als die Befreier kamen, die die Wachen niedergemacht hatten. Aber da sie nicht gewohnt war, sich alleine anzuziehen, gehorchten der Dame die zitternden Hände nicht. Inzwischen wechselte die Wache des vierten Tores. Die Verräter sind fürs erste entkommen; aber sie sollen sich nicht zu sehr in Sicherheit wiegen!

Von Marcel hörte ich nichts, dabei hat er mir versprochen zu kommen, sobald er von René Nachricht hat. – Oder weiß er noch nichts von ihm?

Lecris geht jetzt häufig aus. Er ist laut und aufgekratzt. Grau und dumpf war er fast erträglicher.

16. Oktober 1793

Heute morgen sagte Lecris vergnügt: «Sie ist gerichtet!»

Später kam Marcel. Er sah zum Erbarmen aus und wollte auf keinen Fall über die Königin sprechen. Er nahm mich mit zu Madame de Saint-Amaranthe.

Ich fragte leise: «Was wißt Ihr von der Königin, Madame de Saint-Amaranthe?» Marcel setzte sich nahe ans Fenster und starrte hinaus. Er hatte vergessen, nach Nicole zu fragen.

Madame de Saint-Amaranthe erzählte mir mit gedämpfter Stimme alles: In der Nacht war die Urteilsfindung abgeschlossen worden. Um vier Uhr morgens wurde der Spruch verkündet:

Die Königin Marie-Antoinette hat den Tod auf der Guillotine zu erleiden!

Mit übernächtigten Gesichtern verließen die Richter des Revolutionstribunals den Saal.
«Und hätte Hébert uns nicht diese Dummheiten des Dauphin berichtet, für die man die Mutter verantwortlich machen konnte», soll einer von ihnen im Hinausgehen gesagt haben, «dann säßen wir übermorgen noch da!»
Der andere lachte grob.
Madame de Saint-Amaranthe fuhr wörtlich fort: «Der staatliche Ankläger klopfte Hébert jovial auf die Schulter.
‹Nun sag mir mal, mein Lieber, wo hattest du die Geschichte von den unanständigen Gewohnheiten her, welche die Witwe Capet den Jungen gelehrt haben sollte?›
Er wartete aber keine Antwort ab.
Hébert verließ fast als letzter den Saal. Vor den Schranken stand nur noch die Königin. Ihre Haltung war ungebeugt. Ihre Miene zeigte Ruhe und Abgeklärtheit. Ohne Haß ruhte ihr Blick auf Hébert. Sie sagte mit leiser Stimme:
‹Ich danke Euch, Monsieur Hébert, daß Ihr meine Leiden abgekürzt habt – gleichgültig ob aus guter – oder aus böser Absicht.›
Hébert senkte den Blick und verließ endgültig den Raum. Danach ging ich auch. Die Königin wurde am Nachmittag guillotiniert.»

17. Oktober 1793

Heute war Madame de Saint-Amaranthe hier, um die Miete für das nächste Halbjahr zu bezahlen. Sie sah wieder sehr schön aus in ihrem flammendroten Kleid! Sie steckte mir heimlich zwei Zeitungsausschnitte zu. Père Duchesne Nummer 299:

Ihre schönen weißen, mit Federbüschen herrlich aufgezäumten Rosse geleiteten die Königin keineswegs zur Hinrichtung. –

Nein, es waren zwei elende Klepper eingespannt; und die schienen so zufrieden mit ihrem Auftrag, den die Republik ihnen erteilt hatte, daß sie beinahe Lust gehabt hätten zu galoppieren, um nur möglichst schnell an die berüchtigte Stelle zu gelangen.

Das Frauenzimmer, übrigens, war mutig und keck bis zum Ende. Nur, als sie ans Kippbrett herantreten mußte, versagten ihr ein wenig die Knie.

Endlich war ihr verfluchter Kopf ab von ihrem Kranichhals! Und, beim Himmel: Die Luft hallte wider vom Lustschrei der Republik!

Als Madame de Saint-Amaranthe aus dem Obersekretariat zurückkam, sagte sie im Vorbeigehen leise zu mir: «Héberts Stern ist im Sinken, Clément!» Was hat sie damit gemeint?

«Bürgerin Saint-Amaranthe!» Lecris drängte sich zwischen sie und mich, «ich werde mir heute erlauben, Euch in Euerm Café zu besuchen, wenn es recht ist.» Dabei lachte er meckernd.

«Aber bitte, Bürger Lecris!» entgegnete Madame de Saint-Amaranthe mit eiskalter Höflichkeit. «Den Zutritt zu meinem Café verwehre ich keinem Menschen, vorausgesetzt, daß er sich zu benehmen weiß.»

Als Madame de Saint-Amaranthe gegangen war, sagte Lecris wie zu sich selbst: «Dieses eingebildete Frauenzimmer!» Und nach einer Weile, während der er wütend auf seinem Papier gekritzelt hatte, murmelte er: «Na warte!»

Ich kenne Lecris nicht mehr.
Keine Nachricht von René.

25. Oktober 1793

Régine ist da! Ich habe sie nicht gleich erkannt, so groß ist sie geworden. Bei der Schirmnäherin hat sie nach Nicole gefragt, Cécile Renault ist mit ihr zu Madame de Saint-Amaranthe gegangen, und die hat sie zu mir geschickt. So weiß ich noch vor Marcel, daß Régine da ist und daß Nicole in Passy bei ihr war! Ich war auf einmal so froh wie schon lange nicht mehr. Régine hat sehr schöne dunkle Augen mit einem ruhigen Blick. Man fühlt sich wohl, wenn man ihr Gesicht ansieht. Jetzt fehlen nur noch Pierre und Nicole!

Der Terror und Père Duchesnes Wunsch

Marcel begleitete Anatole zu seiner Bettelecke. Unterwegs hatten sie den Professor getroffen. Er schloß sich ihnen an.

An der Hausmauer klebte ein neues Plakat.

**Gesetzesmacher!
Setzt den Terror
auf die Tagesordnung!**

«Die Masse will es so», sagte der Professor, «und selbst, wenn der Konvent es anders wollte, könnte er doch nicht mehr anders. Er muß der Masse gehorchen – oder sie mit immer grausameren Mitteln niederzwingen.»

«Nämlich mit dem Terror», sagte Anatole. «Eine Katze, die sich in den Schwanz beißt, eine Existenzfrage für den Konvent! Überlebt er aber nicht, werden wir das komplette Chaos hier haben. Das sind unsre beiden Zukunftsaussichten. Die wenigen guten Früchte der Revolution würden in Blut ertrinken! – Habt ihr gelesen», fragte der Professor mit bitterster Ironie, «welche Verbesserungsvorschläge Robespierre vor dem Konvent gemacht hat? –

Bürger, ich fordere den Konvent auf, die Gerichtsverfahren von den vorgeschriebenen Formen zu befreien, die nur die *Schuldigsprechung* verhindern!

Ich beantrage, daß die Richter jeden Straffall abschließen dürfen, sobald sie erklären können, daß sie sich ein ausreichendes Urteil gebildet haben.

«Es geht ihm um die Girondisten», sagte Marcel.

«Hébert hat dem ganzen die Krone aufgesetzt!» Der Professor

imitierte Héberts helle Stimme. ‹‹Ihr armen Teufel›, hat er die Richter angeschrien, ‹was quält ihr euch mit langweiligen Floskeln! Muß man denn mit Verbrechern, über die das Volk bereits gerichtet hat, so viel Aufhebens machen – wenn man sie einen Kopf kürzer machen will?›»

«Und die Richter?» fragte Anatole.

«– haben sofort die Verhöre abgebrochen und die Girondisten in Bausch und Bogen verurteilt.»

Anatole sagte: «Mich erinnert das an Dantons Ausspruch: ‹Ein einzelnes Verbrechen ist ein schweres Verbrechen. Bei einer Anhäufung von Verbrechen verliert das einzelne an Gewicht. Durch immer mehr Verbrechen nähert man sich also der Schuldlosigkeit an.»

«Das ist teuflisch!» sagte Marcel. Und nach einer Weile fügte er hinzu: «Was haben wir für Politiker!»

Anatole wandte sich leise an den Professor: «Régine von Marcels Club 89 hat gehört, daß Danton, während er das Sansculottentum propagierte, sein Vermögen bei der Steuerfestlegung mit 1.400.000 Franken angegeben hat.»

«Wer hat das gesagt?» wollte der Professor wissen.

«Ein Bankier de Batz. Er hält ihn außerdem für gemein, bestechlich, boshaft, verschlagen und verlogen. Und was Danton außerdem verschwiegen habe, solle man dazuzählen!»

«Aber die Sansculotten verzeihen ihm alles, weil er volksnah ist!»

In diesem Augenblick bog eine Kolonne von Sansculotten um die Ecke. Frauen waren unter ihnen.

«Gesetzesmacher!» schrien sie in dem Bemühen, einen Sprechchor zu bilden. «Verhaftet die Verdächtigen! Säubert die Ausschüsse! Verhaftet die – »

«Sie sind ein Bild von Frankreich: verhungert, zerlumpt, enttäuscht, zerrüttet – wie wir auch, Freunde!» Und der Professor sah an seinem eigenen schäbigen Anzug hinab.

«Verhaftet die Verdächtigen!» klang es jetzt wieder näher. «Unters Fallbeil mit ihnen!»

Ein Zeitungsschreier kam die Straße heraufgerannt: *«Père Duchesne! Père Duchesne* Nummer dreihundertzehn!»

«Nehmen wir ein Blatt», sagte der Professor, und dann las er:

Käme doch, zum Teufel, der Sansculotte Jesus wieder auf die Welt! Dieser Sohn eines armen Zimmermanns, dieser Jesus hat die Brüderlichkeit, die Freiheit und die Gleichheit gepredigt – außerdem die Verachtung des Reichtums!

«Die Menschenwürde!» sagte der Professor und verabschiedete sich. Zwei Planwagen des *Père Duchesne* fuhren vorbei. Der Konvent hatte ganze Ladungen für die Soldaten aufgekauft.

Marcel sah dem Professor nach. Der schäbige Anzug hing an ihm wie an einer Vogelscheuche. «Er hat eine zahlreiche Familie», sagte er zu Anatole, «und denkt an sich selber immer zuletzt.»

Anatole hatte kaum zugehört. «Wenn die Menschen nichts mehr zu zerstören haben, zerstören sie sich selbst.» Und als Marcel nicht gleich verstand, sagte er: «Sie wollen den Terror, diese Sansculotten, aber er wird sich gegen sie selber wenden. Noch ist die Guillotine in der Hand des Konvents.»

«Es geht auch ohne sie», bemerkte Marcel bitter. «Das hat man in der Bretagne gesehen, wo man aus bürgerlichen Familien eine Kompanie Kinder zusammengerufen hat, die im Friedhof Verdächtige erschießen mußten. Die Flinten waren ihnen viel zu schwer. – Oder denken wir an die alte Fähre auf der Loire, die man mit eidverweigernden Priestern beladen hat; man hat sie kentern lassen!»

«Ihr habt recht, Marcel: Es liegt immer an den Menschen; nicht an den Mitteln.»

Richtung Paris

Nicole stand am Straßenrand. Sie fror. Die ersten Schneeflocken blieben zwischen den Bäumen liegen. Dreimal hatte sie schon vergeblich die vorbeifahrenden Fuhrleute gefragt: «Nehmt ihr einen Kranken ein Stück weit Richtung Paris mit?»

Jetzt tauchten Planwagen in der Straßenkrümmung auf. Als sie auf den Planen die Aufschrift PÈRE DUCHESNE sah, rief sie freudig: «O bitte, haltet an!»

Und als Jacques-Christophe, der neben dem ersten Wagen ritt, wissen wollte, warum, fragte sie: «Ihr nehmt doch einen Kranken mit nach Paris?»

«Wenn du zur Pflege mitkommst! Wo ist der Kranke?»

Nicole ging auf dem Trampelpfad voraus den Wald hinauf. «Es gibt eine Hütte ganz in der Nähe.»

Jacques-Christophe sah Nicole von der Seite an. Das war keine Landstreicherin. Es war aber auch keine von jenen Adeligen, die heruntergekommen waren. Es kam ihm vor, als hinke sie ein wenig.

In der Hütte war es düster. Auf der Bank lag ein Mann, an dem Jacques-Christophe nur auffiel, daß er blaß und hohläugig war. Sein Haar hing lang und zottig bis auf die Brust.

Mit einem Ruck setzte sich der Kranke auf, warf den Mantel, mit dem er zugedeckt war, von sich, als wolle er aufspringen.

«Ich kann's nicht glauben!» rief er mit rauher Stimme. Dann fielen die Freunde einander in die Arme.

Eine Stunde später hatte Jacques-Christophe René zu den Wagen hinuntergetragen.

Nicole schloß die Hütte ab und legte den Haken hinter den Laden. Einen Augenblick lang dachte sie an Pierre, der vielleicht eines Tages hierher zurückkommen würde. Langsam ging sie zur Straße hinunter. Es kam ihr vor, als gehe sie aus ihrem bisherigen Leben weg.

Bis jetzt habe ich mich von den Ereignissen treiben lassen, dachte sie. Jetzt, wenn ich nach Paris komme, wenn ich vielleicht Marcel wiedersehe, muß ich wissen, was ich selber will – auch wenn es hinterher ganz anders kommt. – Sie dachte an die Schirmnäherei, an die erstaunten Augen von Cécile Renault, wenn sie plötzlich wieder da wäre. Sie dachte an Madame de Saint-Amaranthes Großherzigkeit, der sie alles anvertrauen würde, was sie erlebt hatte. – Und ob ich Régine bald mal wiedersehe? fragte sie sich. Sie würde Clément wiederfinden, von dem René erzählt hatte. Ihre Gedanken wanderten vom einen zum andern: Régine, Clément, René, sie selber – und Marcel.

Wo war Pierre?

◆

Drunten auf der Straße wartete man auf sie. Alle Wagen, bis auf einen, waren schon weitergefahren. Sie hatten bereits einen größeren Vorsprung. Nicole warf ihr Bündel hinein und kletterte auf den Sitz.

Im vordersten Wagen saß René im Stroh. Er redete ohne Pause, während Jacques-Christophe neben ihm herritt.

«Und was ist zwischen dir und dem Mädchen?» fragte Jacques-Christophe.

«Sie gehört zu meinem Club.»

«Sonst nichts?»

«Sonst nichts. – Daß sie dazugehört, ist viel! Wir waren eine Einheit!»

«Zu dieser Einheit gehörte auch Pierre, der dich verwundet hat!» Die Ironie in Jacques-Christophes Stimme war nicht zu überhören.

«Wir wissen nicht genug von ihm», entgegnete René. Er dachte an das, was Nicole ihm über Pierre gesagt hatte. «Pierre ist ein großer Sucher!» sagte er endlich.

Kurz vor Chartres kamen sie durch ein kleines Dorf. Häuser brannten; Soldaten der Nationalarmee trieben Schweine, Rinder und Menschen vor sich her. Kinder wurden umgerannt und blieben im Morast liegen. Eine alte Frau kroch auf den Knien, man wußte nicht wohin.

Als die Soldaten die Aufschrift auf den Planwagen lasen, schrien sie: «Vive le Père Duchesne!»

«Warum brennt es hier, Bürger Soldat?» fragte Jacques-Christophe einen von ihnen.

«Dörfer», erklärte dieser schulmeisterlich, «in denen der Freiheitsbaum fehlt oder wo er nicht ausreichend mit Trikoloren und der Jakobinermütze geschmückt ist, haben wir niederzubrennen.»

«Wo bist du zu Hause?» fragte René mit brennenden Augen.

«In der Gegend von Rennes», sagte der Soldat, und sein Blick wurde unstet.

«Aus einem kleinen Dorf bei Rennes sind wir beide», sagte ein anderer.

«Dort hat man also einen Freiheitsbaum, der besser geschmückt ist?»

Die beiden Soldaten glotzten dem Wagen nach.

«Wir hätten sie umbringen sollen!»

«Wieso?» wollte der andere wissen. «Die waren doch vom *Père Duchesne*, oder nicht?»

Jacques-Christophe nahm die Straße nach Chevreuse. Dann näherte man sich über Meudon und Sèvres der Seine, um an den Weinbergen von Passy entlang in die Hauptstadt zu fahren. Als das Landgut der Bürgerin Cato in Sicht kam, rief Nicole: «Hier! Hier!» Hier hatte ihr Unglück begonnen. «Haltet hier!» rief sie. «Hier ist Régine, René!»

Jacques-Christophe ließ die anderen Wagen nach Paris weiterfahren. Derjenige, auf dem René lag, fuhr zum Landgut hinauf.

Madame de Rochechouart stand auf der Treppe, als sie herankamen.

«Kommt ihr zu mir?» fragte sie, und ihr Blick musterte Nicole, Jacques-Christophe und René. «Was hat er? Ist er verwundet? Schickt ihn Hébert, daß er bei mir gepflegt wird?»

«Er ist sein Freund», sagte Jacques-Christophe geistesgegenwärtig. Was konnte René Besseres passieren?

«Und die Kleine da schickt mir Hébert als Ersatz für Régine?»

«Wo ist Régine?» fragte Nicole statt einer Antwort.

«Weißt du das nicht? Sie ist doch beim Bürger Hébert, um das Kind zu hüten.» Und dann rief sie nach Dienern, die René ins Haus tragen sollten. Jacques-Christophe sah Nicole aufmunternd, aber mit deutlich schlechtem Gewissen an und verabschiedete sich. Das Fuhrwerk wendete und rumpelte hinunter zur Straße. Nicole schaute ihm nach, solange es zu sehen war. Wenn sie mitgefahren wäre, hätte sie vielleicht schon heute abend Marcel gesehen. Aber dann fühlte sie, daß sie zu dieser Begegnung noch nicht ruhig genug war.

Als Jacques-Christophe in die Stadt einritt, strömten die Menschen zum Platz der Revolution, wo Philippe Égalité guillotiniert werden sollte.

«Fahr weiter!» befahl er. Der Fuhrmann, der gern gehalten hätte, maulte: «Man muß sich dazu erziehen, auf einem Haufen von Leichen gut zu schlafen, sagte Danton.»

Ein Zeitungsjunge lief ein Stück weit neben dem Wagen her.

«Das neue Blatt des Journalisten Desmoulins!» schrie er. Und dann in der Absicht, etwas besonders Gutes für seinen Brotgeber zu tun, setzte er dazu: «Mit der Feder stottert er nicht!»

Jacques-Christophe dachte an die feurigen Reden, die Desmoulins vor vier Jahren im Palais Royal gehalten hatte. Aus revolutionärer Begeisterung hatte Desmoulins ein Kastanienblatt abgerissen und als Zeichen seiner Gesinnung an seinen Hut geheftet.

Kurz danach war aus dieser Idee die dreifarbige Kokarde entstanden, die seither jeder Revolutionär am Hut trug.

Jacques-Christophe ritt in den Mirakelhof ein; und Funte gebärdete sich wie toll.

Cléments Tagebuch

6. November 1793

Man hat den Herzog guillotiniert. Seit das Verdächtigungsgesetz im Gebrauch ist, mißtraue ich aller Rechtsfindung und jedem gerichtlichen Urteil, sogar diesem!

7. November 1793

Régine war mehrmals mit der kleinen Scipion-Virgine bei mir. Ich habe versucht, der Kleinen die silberne Dose in die Hand zu geben. Régine fühlt sich bei den Héberts sehr wohl. Man bringt ihr viel Vertrauen entgegen. Wenn man aber wüßte – ! Ich bin jetzt so an Régines Besuche gewöhnt, daß ich gar nicht mehr weiß, wie es vorher mit mir gegangen ist.

8. November 1793

Jetzt wissen wir, wo René und Nicole sind: in Passy. «Renés Bein sieht nicht gut aus», soll Jacques-Christophe zu Régine gesagt haben. Marcel geht wie ein Schlafwandler durchs Leben.
Irgend etwas an Jacques-Christophes Bericht macht mich nachdenklich: Sobald man fragt, wer René verwundet hat, macht er Ausflüchte.
Jetzt fehlt uns nur noch Pierre. Dann endlich ist unser Club 89 wieder komplett!

9. November 1793

Hébert hat den Professor gebeten, mit ihm nach Passy zu fahren, um Renés Bein anzusehen. Der Professor hat nicht sofort zugestimmt, weil die Bürgerin Cato keinen guten Ruf als Revolutionärin hat.
«Für meine Person, lieber Hébert, wäre das kein Hindernis. Aber ich habe Familie. Ihr wißt ja selbst, mit welcher Begründung man kürzlich meinen Freund, den Chemiker Lavoisier, guillotiniert hat: ‹Die Republik braucht keine

Chemiker und keine Gelehrten!» – Ich bin Gelehrter, Monsieur!»
«Fürchtet Ihr da nicht zu viel?»
Hinterher hat der Professor zu Marcel gesagt: «Ich bin von diesem Mann bezaubert.» Dann hat er mit seiner Frau darüber gesprochen – und ist nach Passy gefahren. Alle denken an dich, René! Enttäusch uns nicht, sondern fall wieder auf alle viere! Wir warten gespannt auf die Rückkehr des Professors.

10. November 1793

Heute war das große Fest der Vernunft! Robespierre will mit diesem Fest an die Vernunft des Volkes appellieren. Andererseits untergräbt er sie mit dem Verdächtigen-Gesetz.
Im Père Duchesne beschreibt Hébert für diejenigen, die nicht haben dabeisein können, das Riesenfest. Ich weiß nicht, ob ich hingegangen wäre.

Frau Vernunft, liebe Sansculotten, thronte auf einem Berggipfel, trug die rote Kappe der Freiheit auf dem Kopf und hielt in der Hand einen Speer. Sie war von all den hübschen Sängerinnen aus der Oper umringt. Lieblicher als die Engel im Himmel sangen sie mit verdrehten Augen patriotische Hymnen. Diese neue Gottheit wurde von vier Prachtskerlen mitsamt dem Thron in einer Prozession in die Tuilerien getragen, wo sie ihren Beifall erhielt.

Zum erstenmal ist mir der Verdacht gekommen, ob man Héberts Artikel vielleicht immer falsch gelesen hat. Sind etwa alle ironisch gemeint? Steckt hinter jedem von ihnen in Wahrheit das Gegenteil? Wo aber bleibt da die Volksaufklärung, zu der eine Zeitung verpflichtet ist? Wer durchschaut diesen Trick?

1. Dezember 1793

Ich bin jetzt ganz bei Marcel. Er und Régine haben mich hergebracht. Ich habe Tintenpulver, Federn und vor allem Papier mitgenommen. Das Papier lag in Lecris' Schublade. Darauf die beiden grauen Ärmelschoner! Als ich das Papier gestohlen hatte, sagte ich zu den Ärmelschonern: «Auf Wiedersehen!» Régine lachte prustend.

Gefahr!

Régine war mit Scipion-Virgine zu Anatoles Bettelecke gegangen. Neben ihm hatten sich zwei Frauen getroffen, die sich ungeniert unterhielten, so, als sei er nicht vorhanden:

«Wir bezahlen die schöne Freiheit teuer, Elise: *Wir!*»

«Nicht einmal das Recht zu streiken haben sie uns gelassen! Für mich ist der Konvent überflüssig!»

«Warum haben sie uns nicht gelassen, wie wir waren, ehe es eine Revolution gab?» fragte die andere vergrämt. «Früher haben wir mit vierzig Sols am Tag besser gelebt als heute mit neun Livres und zehn Sols! – Ach Scheiße! Wenn ich mich nicht zurückhalten würde, wollte ich dieser Regierung einen Tritt in den Hintern geben!»

«Früher hat der Père Duchesne den Mund für uns aufgemacht! Überhaupt habe ich das Gefühl, als habe Hébert an Sympathien verloren, glaubst du nicht auch?»

Régine war beunruhigt. «An Sympathie verloren!» wiederholte sie. «Glaubst du, Anatole», fragte sie leise, «daß etwas von Héberts geheimer Zusammenkunft mit de Batz durchgesickert ist? Ich habe nur zu euch davon gesprochen!»

«Irgend jemand ist am Wühlen», sagte Anatole und hob die Schultern.

Als sie nach Hause kam, sah sie gleich, daß man etwas durch den Türschlitz geschoben hatte. Es war Desmoulins ‹Alter Cordelier›.

Régine versteckte die Zeitung. Sie gab Scipion-Virgine zu essen, legte sie in die Wiege und stieg in die Dachkammer hinauf. Die Luke ließ sie offen, damit ein Schimmer von der Küche aus auf das schräggehaltene Blatt fallen konnte. Atemlos las sie:

Paß auf, mein lieber Hébert! – Glaubst du etwa, ich wüßte nicht,

daß diese Madame Rochechouart, diese Spionin der Emigranten, mit dir zusammensteckt? – Glaubst du wirklich, ich wüßte nicht, wie bestechlich du bist? Was gibt dir das Recht, dich als ‹Beschützer der Jakobiner› aufzuspielen? Glaubst du, nur weil du Journalist bist, dürftest du den Diktator der jakobinischen Meinung machen? Dazu die abscheulichen Ausdrücke in deinem Père Duchesne! Begreifst du nicht, daß du mit deiner schmutzigen Sprache die junge Republik, die ganze französische Nation bei jenen europäischen Völkern in Verruf bringst, die noch unter dem Joch ihrer Tyrannen darben? Mit Vergnügen wiederholen diese Machthaber deine unappetitlichen Sätze, um zu zeigen: Seht, einen solchen Ausfluß an Unrat findet ihr heute in Paris und an der Seine!

Régines Herz schlug bis zum Hals. Was wußte dieser Desmoulins von Hébert und de Batz? Was wußte er überhaupt? Sie schlich in den Flur und ließ das Zeitungsblatt dort zu Boden fallen, wo sie es gefunden hatte. Dann stieg sie in ihre Kammer hinauf und zog die Leiter hoch.

◆

Vielleicht hatte sie schon ein wenig geschlafen, als sie unter sich in der Küche Madame Héberts Stimme hörte:

«Wie war es heute, Lieber?»

«Die Hälfte der Zeitungen kam unverkauft zurück.»

«Führst du das auf den Artikel von Desmoulins zurück?»

«Worauf denn sonst?»

«Ich nicht!» wehrte Françoise energisch ab. «Wir haben wieder eine Teuerung, da halten die Leute jeden übrigen Sol fest. – Was bekommt ein Tagelöhner heute, Hébert?»

«Fünfzehn Livres, Françoise. – Ich sehe ja alles ein!»

Danach schwiegen sie. Es klapperte ein Topf, ein Teller; dann hörte Régine jemanden durch den Flur kommen. Die Küchentür wurde aufgerissen, und Françoise rief aufgeräumt: «Ah, Pate Chaumette!»

«Schläft die Kleine?»

Als habe sie es gemerkt, daß von ihr die Rede war, fing sie an zu greinen.

«Ich gehe», sagte Françoise und lief aus der Küche.

Hébert fragte: «Weißt du noch, Chaumette, wer uns damals in den Anfängen der Revolution zu diesem Lebensmittel-Verteilungsgesetz geraten hat?»

Chaumette sagte: «De Batz.» Es klang anzüglich.

«De Batz?» wiederholte Hébert entgeistert.

«Vielleicht im Auftrag der Royalisten, die sich in Holland um ihn scharen? Vielleicht wollten die Exil-Royalisten die Revolution auf diese Weise zu Fall bringen? Übrigens: Weißt du sonst noch was von de Batz?»

«Ich? Von de Batz? – Nein, von dem weiß ich nichts!»

«Die Sansculotten sagen: Der größte Terror der Jakobiner ist die Hungersnot; der zweitgrößte die Guillotine!»

«Robespierre», sagte Hébert. Sonst nichts.

Françoise, die zurückgekehrt war, sagte: «Das Verdächtigengesetz macht mir angst.»

Dann gingen sie zusammen in den Salon.

Am nächsten Tag wartete Régine fiebernd auf den *Père Duchesne*. Was hatte Hébert dagegenzusetzen? Wie würde er sich gegen Desmoulins' Anschuldigungen verteidigen? Würde er zum Angriff gegen ihn vorgehen? Würde er die Bürgerin Cato decken?

Als dann der *Père Duchesne* da war, konnte sie fast nicht glauben, was sie sah: Keine Verteidigung! Kein Wort wegen Madame de Rochechouart! Kein Gegenangriff! Héberts Sprache klang ihr zum erstenmal lahm:

Nummer 332: Père Duchesne lacht verächtlich!

Man will mich wohl umbringen? Sansculotten: Desmoulins geißelt euern Père Duchesne! – Warum wohl? – Weil er ihn fürchtet, zum Teufel!

Régine warf die Zeitung auf den Tisch. «Ist das alles?» murmelte sie, und dann, nachdem sie lange durchs Fenster hinaus auf die schneebedeckten Dächer gestarrt hatte: «Es ist wahrhaftig alles!»

Sie packte das Kind warm ein und ging mit ihm zu Madame de Saint-Amaranthe. Dort fand sie einen Brief von Nicole vor. Er war an alle gerichtet.

Ihr Lieben!
Ich schreibe Euch, weil ich denke, daß Ihr Euch um René sorgt. Aber jetzt sieht es so aus, als sei er über den Berg. Der Professor hatte ihn ja operiert. Dann kam das Fieber, und wir hatten Angst um ihn. Wir, das sind der Professor und ich. Die Bürgerin Cato hat den Professor nicht mehr nach Hause gelassen. Nächste Woche wird er wohl zurückkehren können. René darf noch nicht aufstehen. Es wird noch eine Weile dauern. Ich passe auf ihn auf. Der Professor läßt Marcel sagen, er solle noch diese kurze Zeit durchhalten. Mir geht es gut. Wie wird es sein, wenn wir einander wiedersehen?

Gruß Nicole

Das Schiffchen

«Nehmt mir den Temple ab, Bürger Marcel», sagte der Gefängnisarzt. «Besuche bei dem Kleintier langweilen mich. Bin anschließend in der Abbay zu treffen. Seuche unter den Gefangenen ausgebrochen. Wird von Flöhen übertragen. Zweitausend Bauern im Knast.»
«Zweitausend Bauern?»
«Ernte-Angaben falsch oder so. Neid der Nachbarn vielleicht. Weiß der Teufel.»
Als Marcel zur Templerburg ging, hörte er zum erstenmal in diesem Jahr die Vögel singen. Er freute sich auf den Dauphin. Hatte er nicht bald seinen neunten Geburtstag?
Wachtposten begleiteten ihn die Treppe hinauf. Aber schon ehe sie die Tür hinter ihm geschlossen hatten, fiel seine Freude in sich zusammen. Einen Augenblick blieb er fassungslos stehen.
Karl-Ludwig stand mit geschlossenen Augen mitten im Raum. Vor ihm saß mit einem Stöckchen in der Hand Simon, der Flickschuster und Prinzenerzieher. «Wie melkt man also eine Kuh?»
Der Dauphin schluckte trocken. «Man setzt sich auf den Melkschemel, der nur ein Bein hat, und zieht die Milch in die – –»
Simons Hand mit dem Stöckchen fuhr nach vorne. Der Junge bekam einen Streich auf die Hüfte.
«Dann streicht man das Euter, damit die Milch in die –», sagte Simon ungeduldig, «in die –»
Der Junge brach mit geschlossenen Augen in ein unnatürliches Gelächter aus. Es schnitt Marcel ins Herz. Wie sah er überhaupt aus! – Aufgeschwemmt und käsigblaß. Das Haar war ohne Glanz. Die Locken hatte man ihm abgeschnitten. Die Schultern hingen nach vorne. Die Füße in den Holzpantinen standen mit den Zehen gegeneinander. Warum hatte der Gefängnisarzt nicht

längst –, dachte Marcel. Aber dann fiel ihm das «Kleintier» ein.
«Ah, Doktor!» sagte Simon. Dann verbesserte er sich. «Ah, Ihr seid's, Marcel!»

Der Dauphin hatte die Augen geöffnet. Mit selbstgefälligem Ton sagte er: «Guten Tag, Bürger Marcel! – Seid Ihr freiwillig gekommen, oder hat man Euch gezwungen?»

«Ich bin gern gekommen, Karl-Ludwig. Wie geht es dir?»

«Man sagt, hier sei kein Gefängnis, Bürger Marcel.»

«Das ist es auch nicht!» mischte sich rechthaberisch Simon ein. «Es ist ein Zimmer in einer Burg. Aus den Tuilerien hat man dir Möbel hergebracht, die haben rote Polster und geschwungene Beine. Dort drüben an der Wand hast du ein silbernes Wassergerät, wo du dir die Hände waschen kannst. Ich bin schon lange dafür, daß man es dir wegnimmt. Bei einem echten Sansculotten gibt es solchen Firlefanz nicht in der Stube.»

«Der Bürger Simon hat recht», sagte das Kind, wobei es Marcel mit unstetem Blick ins Gesicht sah. «Man läßt mich aber kein echter Sansculotte sein! Ein Sansculotte geht auf den Markt und kauft seine Fische selber ein. Oder er hat eine Werkstatt. Oder er geht an die Seine, wenn seine Arbeit getan ist. Vielleicht spielt ein Sansculotte mit andern Sansculotten Ball? Oder er läßt mit ihnen seinen Kreisel tanzen, draußen im Hof; oder sie schlagen ihre Reifen um die Wette. Wenn man mich solch ein Sansculotte sein ließe, gäbe ich das silberne Wassergerät gern dafür!»

«Glaubt Ihr, Bürger Marcel, daß man einen solchen Jungen überhaupt erziehen kann?» fragte Simon weinerlich. «Ich liebe dich doch, Karl-Ludwig! Ich will doch mein Bestes tun!» Sein einfältiges Gesicht bekam etwas Hilfloses.

«Sagt mir, Bürger Marcel, wenn es Euch gefällt, ob die Bäume schon blühen? Ich bin zu klein, um aus dem Fenster zu schauen; und auf den Stuhl steigen darf ich nicht.»

«Sie blühen bald», sagte Marcel mit erstickter Stimme.

Ein Funke von Hoffnung glühte in den Augen des Jungen. «Hat ein Sansculotte ein Pferd?»

«Es gibt jetzt wenig Pferde; man braucht sie an der Front. – Hast du nichts zum Lesen, Lieber?»

Der Dauphin machte eine wegwerfende Bewegung. «Nichts in anderen Sprachen. Mit Mama habe ich deutsch und italienisch gelesen. – Habt Ihr mir nichts mitgebracht, Bürger Marcel?»

«Ich habe ein Zeitungsblatt in meiner Tasche. Da ist eine Rede von Robespierre abgedruckt, die er – »

«Robespierre!» rief der Junge mit leuchtenden Augen. «Das ist der tugendhafte Mann, der unser Land regiert, seit die Jakobiner die Mehrheit im Konvent haben! – Wie gut, daß er die Girondisten hat hinrichten lassen, sagt Bürger Simon. Sonst müßte er die Macht mit ihnen teilen! Ich würde ihn für mein Leben gern von Angesicht sehen!» Er griff hastig nach der Zeitung und las:

Den friedlichen Genuß der Freiheit und Gleichheit werdet ihr erringen durch die Macht der *Gerechtigkeit*, deren Gesetze – nicht wie bei Moses in Marmor, sondern in die *Herzen aller Menschen* eingemeißelt sind!

«Das ist schön», sagte der Dauphin leise, während seine Augen sich mit Tränen füllten. Aber die Hände hatten indessen das Zeitungspapier zerknüllt.

«Gib mir's zurück», bat Marcel. Und als Karl-Ludwig es ihm gegeben hatte, glättete er es, faltete es dann und machte daraus ein kleines Schiff.

«Für dich», sagte er und griff nach seiner Tasche, um zu gehen.

«Für mich!» sagte das Kind mit zitternden Lippen. Sein unverwandter Blick folgte Marcel bis zur Tür.

Drunten wurde an der Mauer der Templerburg ein Plakat mit Robespierres Parolen angeklebt.

Bürger! Eine tugendhafte Regierung muß Zwang ausüben, denn unser Vaterland ist von zwei gegensätzlichen Gefahren bedroht: Die eine Partei gefällt sich in schwächlicher Schlamperei; die andere in Tollkühnheit!

Zwei Frauen gingen vorbei. Die eine sagte: «Er meint Danton mit Desmoulins auf der einen Seite und Hébert auf der andern.»

Ein Zeitungsjunge schrie den *Père Duchesne* aus. Marcel nahm ein Blatt. Clément würde es Anatole vorlesen. Bevor er es einsteckte, las er aber doch selbst:

Beim Teufel, Sansculotten! Das einzige Mal, wo wir das Licht der Freiheit gesehen haben, hat man uns die Augen ausgestochen! Aber die Erinnerung an das Licht hat man uns nicht nehmen können!

Als Marcel das Zeitungsblatt nach Hause gebracht hatte, las Clément es vor.

Er fragte: «Anatole, bist du noch gerne hier in Paris?»

«Wo sonst könnte ich sein?» fragte Anatole traurig.

Clément schwieg betreten. In Les Granges konnte Anatole nicht sein – nicht nur, weil sein Besitz verbrannt und ausgeraubt war. Nicht nur, weil dort die Erinnerung über ihn herfallen würde. Sondern ganz einfach, weil er ein Adeliger war. Wehe, wenn man einen Sündenbock brauchte!

Er sah Anatole zum erstenmal, zum erstenmal mit Bewußtsein an: War er nicht ein Bild der Revolution? – Seine schöne junge Gestalt! – Aber jetzt willkürlich zerstört, von unendlichen Schmerzen heimgesucht, blind; der Hoffnung beraubt! Zu nichts mehr fähig: unbrauchbar! Als er merkte, daß ihm die Tränen in die Augen stiegen, fragte er sich: Ist er es – oder ist es die Revolution, die mich so dauert?

Cléments Tagebuch

10. Februar 1794

Wir waren bei Madame de Saint-Amaranthe. Lecris kam ins Café. Als er sah, daß sie nicht wie immer ihr flammendrotes Kleid anhatte, fragte er: «Warum seid Ihr in Schwarz, Bürgerin Amaranthe? In Rot habt Ihr mir besser zugesagt!»

«Mein Bruder», Madame de Saint-Amaranthe stockte, «mein Bruder ist an der Front gefallen, Bürger Lecris.» Sie nahm das Taschentuch und wandte sich ab. «Das hätte ich mir denken können, Bürgerin, daß ich bei Euch keine patriotische Begeisterung voraussetzen kann! Geht nach Hause und zieht Euch um!»
In diesem Augenblick durchquerte Robespierre den Park. Wir sahen durchs Fenster, wie er seinen Arm unter den von Lecris schob, als der Sekretär ihn eingeholt hatte.

21. Februar 1794

Wir haben einen Brief von René. Die Bürgerin Cato will ihn noch eine Weile füttern. Heute hat Scipion-Virgine mit der Dose gespielt. Ich legte sie auf den Tisch, und sie verlangte nach ihr. Als die Dose ihr aus den Händchen fiel, hat Anatole sich gebückt und nach ihr getastet. Dann hat er sie lang befühlt. «Wie meine! – Oder ist das meine?» Aber er fand die seine im Sack. «Sie fühlt sich tatsächlich wie meine an!»

Die Stimme des Redners

Als Régine auf dem Nachhauseweg in die Neue Égalité einbog, sah sie von weitem eine Menschenversammlung vor Héberts Haus. Zwei Männer trugen einen Bottich auf die Straße heraus. Das war doch das Faß aus der Speisekammer, in dem die Salzlake war?

«Hamsterer!» schrien die Neugierigen.

«Vierundzwanzig Pfund Fleisch!» rief einer der Männer den Leuten zu. «Unser Père Duchesne war gefräßig! – Hättet ihr das gedacht?»

«Wenn Robespierre das wüßte! – Wie gut, daß er krank ist!»

Plakatankleber kamen mit ihren Kübeln. «Wer hätte das gedacht!» riefen sie aus, während sie ihren Quast in den Leim tunkten. Auf dem Plakat stand:

> **Bürger! Euch zu Ohren!**
> **Das Wohlfahrts-Komitee lädt euch *unverzüglich***
> **in seinen Saal ein!**
> **Es handelt sich um eine wichtige Angelegenheit!**
> **Wir grüßen Euch als Brüder!**
> **Gezeichnet: Robespierre und – –**

Régine wartete nicht, bis das ganze Plakat entrollt war. In der Wohnung traf sie eine fassungslose Françoise an.

«Du bist doch Zeuge, daß wir das Fleisch immer den Armen gegeben haben, Régine!» Und dann sagte sie nervös: «Wir müssen unbedingt in diese Sitzung!»

«Und wer nimmt Scipion-Virgine?»

«Wir geben sie Anne Dumoulin.»

Aber Anne Dumoulin war nicht da. Régine brachte das Kind zu Clément. Auf dem Weg zur Sitzung des Wohlfahrtskomitees traf sie Anatole an seiner Ecke.

Als er sie erkannt hatte, sagte er: «Die Cordeliers haben das Bild der Menschenrechte in ihrem Club mit einem Trauerflor umrahmt! – Wo gehst du hin?» Und als er hörte, daß sie in diese Sitzung ging, fragte er: «Würde es dir was ausmachen –? Ich habe mir schon immer gewünscht, einmal Robespierres Stimme – –!»

◆

Robespierre war keineswegs schon gesund. Sein sonst so blasses Gesicht war noch rot und naß vom Fieber. Mit heiserer Stimme sprach er zu den gespannten Zuhörern:

Bürger! Es hat Gott gefallen, meine körperliche Kraft meiner moralischen wieder anzugleichen! Schon jetzt wäre ich also wieder in der Lage, die Vaterlandsverräter zu zerschmettern; und die Volksrache würde über ihre schuldigen Häupter hereinbrechen!

Eine Verschwörung ist in den letzten Stunden aufgedeckt worden. Die Köpfe ihrer Anführer müssen so bald wie möglich rollen!

Der Beifall war groß.

Régine führte Anatole zu seiner Bettelecke zurück. «Ich danke dir», sagte er. «In drei Sätzen hat er es fertiggebracht, Gott und die rollenden Köpfe zusammenzubringen. Das nenne ich Rednergabe!»

Scipion-Virgine war in Cléments Armen eingeschlafen. Schlafend trug Régine sie nach Hause. Aus dem Salon tönten die Stimmen von Françoise und Chaumette auf den Flur heraus.

«Wißt Ihr übrigens, Françoise, daß Robespierre vorhin, als er sprach, Lebensmittel an die Armen hat verteilen lassen? – Er hatte sie von den ‹Verdächtigen› eingezogen!»

«Da war von uns auch was dabei! – O Chaumette! Es war doch ein schöner Traum, den Hébert mit de Batz geträumt hat.»

«– wenngleich ich meine, daß de Batz nicht träumt», sagte er sarkastisch. «Hébert als Regent des Dauphin bis zu dessen Großjährigkeit – und Ihr als die Erzieherin!»

Françoise antwortete nicht. Sie hatte wohl mit dem Kopf genickt.

Als Régine an diesem Abend in die Dachkammer hinaufstieg, kam ihr wieder und wieder Cléments Bild vor Augen: sein leidenserfahrener Blick, der in anderen Menschen das Wesentliche sah. Hatte er in ihr vielleicht etwas entdeckt, was für andere hinter ihrer groben Gestalt verborgen war? Ein schönes Gefühl von Freiheit war in ihr. Lächelnd schlief sie ein.

Der Geißbauer

Am nächsten Morgen kamen Jacques-Christophe, Anne Dumoulin und ein Notar.

«Jacques-Christophe und Anne wollen heiraten», sagte Françoise, «und Monsieur Hébert will ihn als Teilhaber mit großen Anteilen einsetzen.»

Régine schauderte unter Françoises Blick. So ernst war es also, daß Hébert für den Fortbestand der Druckerei und die Versorgung der Familie Sorge tragen mußte – falls – ja, falls ihm *etwas* zustoßen würde!

Sie nahm Scipion-Virgine mit und lief in die Rue des Tanneurs. Eben, als sie eintrat, sagte Marcel: «Ich glaube nicht, daß die Sansculotten zulassen, daß ihrem Père Duchesne etwas geschieht! Père Duchesne und Hébert sind für sie ein und dasselbe.»

«Das Volk ist wankelmütig, Marcel!» entgegnete Anatole. «Im Schlechten wie im Guten. Der Geißbauer von Les Granges zum Beispiel, der gegen mich immer aufmüpfig gewesen ist; der in meinen Wäldern gewildert hat; der mir Korn und Rüben gestohlen hat; der das Feuer an meine Scheune gelegt hat – – diesem Mann habe ich zu verdanken, daß ich noch am Leben bin!»

Schon während Anatole gesprochen hatte, hatte Régine angefangen, ihre Hände zu kneten. Clément, der es bemerkte, fragte: «Und wie hast du ihm dein Leben zu verdanken, Anatole?»

«Er hat mich aufgehoben, als ich im Graben lag und mich in Schmerzen wand. Sein Weib hat mir die Brandwunden unermüdlich mit kaltem Wasser übergossen, sonst hätte ich sie nicht ausgehalten. In der Nacht hat er mich auf seinen kleinen Wagen gepackt, den er mit einem Ziegenbock bespannte. Die Frau hat nasse Tücher auf mich gelegt.

Zwei Tage lang hat der Geißbauer mein Geschrei ertragen, hat in jedem Bach die Tücher wieder naß gemacht. Dann waren wir in Saint-Cyr, wo du mich gefunden hast, Marcel.

‹Hier wird man Euch einen Doktor aus Paris holen können, Graf›, sagte er. Er gab mir die silberne Dose zurück, die er mir vorher genommen hatte, und lehnte mich mit dem Rücken an die Kapelle. ‹Nichts für ungut, Graf!› Er stieg in sein Ziegengespann und fuhr weg. Ich hörte das Gemeckere in der Ferne und war allein.»

Anatole strich sich mit der Hand über die Stirn.

Marcel war aufgestanden und hatte sich darangemacht, die Holzpantinen, die beim Herd in der Ecke lagen, nebeneinander hinzustellen. Von dort aus sah er zu Régine herüber, als sie sagte: «Der Geißbauer ist mein Vater.»

Cléments Tagebuch

11. März 1794

In der letzten Zeit denke ich viel an Vater Lénot. Eines Tages wird er alles lesen, was ich aufgeschrieben habe – aber wann? Wann werden wir vom Club 89 wieder beisammensein und nach Les Granges zurückkehren?

12. März 1794

Anatole sagte: «Robespierre will eine Volksreligion begründen, er sieht, daß die ‹Vergötterung der Vernunft› keine Menschenliebe erzeugt. Vernunft will nur das Zweckdienliche.»

«Ein ‹höchstes Wesen› soll in der neuen Religion verehrt werden», sagte Marcel.

«Damit wäre ich einverstanden», rief Anatole, «wenn sich nicht jeder etwas anderes darunter vorstellen würde!» Er sprang von der Bank auf. «Zum Beispiel: Robespierre!»

«Du willst doch nicht sagen, daß er sich selbst dafür hält?» Marcel lachte ungläubig.

«Die römischen Caesaren haben es getan – – und das Volk hat ihnen zugejubelt!»

13. März 1794

Régine ist sehr in Sorge wegen Hébert.

Héberts weiße Lippen

Régine konnte lang keinen Schlaf finden. Erst gegen Morgen fiel sie in einen Zwischenzustand, in dem sich die Tag- und Traumbilder ineinanderschoben. Mit Herzklopfen wachte sie auf. Etwas in ihren Träumen hatte gepoltert. Es war noch nicht hell. Jetzt – jetzt hörte sie es wieder. Kam es von unten? Da waren auch Stimmen auf der Straße: «Öffnet! Im Namen des Gesetzes!»

Régine nahm ihr Umschlagtuch und kletterte die Leiter hinunter. Sie eilte zur Haustür. Draußen stand ein Gendarm, den Régine im Café schon gesehen hatte: Unterleutnant Fribourg.

«Bist du Héberts Magd, Bürgerin?»
«Jawohl.»
«Wie heißt du genau?»
«Régine Marie Gentille.»
«Aus?»
«Les Granges.»
«Weck deinen Patron!»

Hébert trat bereits angekleidet aus seinem Zimmer. Der Unterleutnant zog ein Schreiben aus dem Ärmelaufschlag und las:

«Der öffentliche Ankläger des Revolutions-Tribunals befiehlt, den Bürger Hébert zum Gefängnis Conciergerie abzuführen, um einer Verbindung mit seinen Komplizen vorzubeugen. Er ist angeklagt, sich gegen die Freiheit des französischen Volkes verschworen zu haben.»

«Wie lächerlich!» sagte Hébert mit weißen Lippen. Er winkte Françoise zu sich, die ebenfalls aus ihrem Zimmer getreten war.

«Auf bald!» Dann trat er mit dem Unterleutnant auf die Straße, wo die Amtskutsche wartete. Régine hörte, wie unter den Passanten das Wort ‹Pökelfleisch› von Mund zu Mund ging. Ach, dachte sie, wäre es doch nur dies!

Früh am Morgen verließ Françoise das Haus, um sich in der öffentlichen Versammlung mit lächelndem Gesicht zu zeigen.

♦

Régine verbrachte den ganzen Tag mit Scipion-Virgine in der Rue des Tanneurs. Clément sprach sehnsuchtsvoll von Les Granges, von dem herrlichen Land, das jetzt zum neuen Leben erwachen würde. Er sprach von der Rinde der Kirschbäume, die schon zu glänzen und zu duften anfing – und dann, mit einemmal, war die Blüte da.

Als Anatole von der Bettelecke nach Hause kam, ging sie. Es wurde Zeit für Scipion-Virgine. Sie setzte das Kind in das Leiterwägelchen, das Hébert erst vor wenigen Tagen erstanden hatte. Beim Sechsuhr-Läuten der Glocken von Saint-Roche bog sie in die Neue Égalité ein. Von der anderen Seite eilte Françoise heran. Sie trafen vor der Haustür zusammen.

«Ich habe noch nichts gegessen, Régine; mir ist ganz schlecht vor Hunger!»

Als sie den Schlüssel ins Schloß steckte, hielt hinter ihnen eine Kutsche. Françoise und Régine wandten sich gleichzeitig um. Der Unterleutnant Fribourg sprang heraus. Wie am Morgen zog er ein Papier aus dem Ärmelaufschlag. Als er den Inhalt vorlesen wollte, fiel Françoise Régine ohnmächtig in die Arme.

«Trag sie nur gleich in die Kutsche, Bürgerin! Dort wird sie schon wieder zu sich kommen – spätestens aber in Saint-Pélagie, wenn man ihr die Haare abschneidet und den Nacken rasiert!»

Régine bettete Françoise auf die Polster. Sie sah noch einmal in ihr langes schmales Gesicht, strich ihr die Haare aus der Stirn und stieg aus.

In dieser Nacht stellte Régine die Kinderwiege in die Küche, ehe sie die Leiter zur Bodenkammer hinaufstieg. Sie hatte das unsinnige Gefühl, von dem Kind beschützt zu werden. Wagen um Wagen ratterte in dieser Nacht drunten übers Straßenpflaster.

Sobald das Kind ausgeschlafen hatte, ging Régine mit ihm zu Madame de Saint-Amaranthe.

«Françoise ist verhaftet», sagte sie nur.

Doktor Guillotin spielte nachdenklich an der Miniatur-Guillotine herum, während sich einige Herren um ihn gruppierten.

«Wer von euch», fragte einer von ihnen, «hat heute nacht Robespierres Lebensmittelfuhren gehört?»

Von einem abseits stehenden Tischchen erklang das energische Umrühren eines Löffels im Kaffeeglas. «Ich wette», sagte der Gast, der dort saß, «die waren alle für den Vorort Saint-Antoine bestimmt, wo die meisten *Père Duchesne*-Leser wohnen, hihihi!»

«Das stimmt!» bestätigte eine Dame, die erst hereingekommen war. «Man schätzt die Eier, die dort auf dem Markt aufgetaucht sind, auf 6.200 Stück – zu normalen Preisen, bitte schön! – Ganz zu schweigen von den Bergen von Rauchfleisch und den Säcken mit Mehl! Die Hausfrauen konnten es gar nicht fassen. ‹Seht, ein Wunder! Also war die Hungersnot ein Werk des Père Duchesne! – Wer hätte das gedacht, daß er ein solcher Gauner ist! – Was wäre aus uns noch geworden! Wo wir ihm doch so vertraut haben!› Sie sind sich einig, daß nur noch Robespierre ihr Vertrauen verdient.»

Cléments Tagebuch

20. März 1794

Marcel und Anatole haben mich ins Mechaniker-Café getragen. Marcel brachte Anatole anschließend zu seiner Ecke und ging ins Gefängnis.

Lecris kam herein und bestellte eine Schokolade. «Aber Bürgerin Amaranthe!» rief er mit schriller Stimme. «Ihr habt ja wieder dieses schwarze Kleid an!» Er ließ die Schokolade stehen und verließ empört das Café. Vielleicht hat es ihm auch nicht gefallen, daß ich da war.

Und dann sahen wir Nicole quer über den Rasen herankommen. Sie trug den roten Rock, in dem ich sie vor fast fünf Jahren das letztemal gesehen hatte. Jetzt war er ihr beinahe ein wenig zu kurz.

«Himmlische Güte», rief Madame de Saint-Amaranthe, «wie schön ist sie geworden!»

Mit ausgebreiteten Armen stürzte sie ihr entgegen. Auch Cécile Renault lief aus der Schirmnäherei herbei, und die Mädchen umarmten einander.

«René geht es prima», sagte Nicole, noch ehe sie sich zu mir gesetzt hatte. «Er hat sich in die Druckerei bringen lassen.» Ihre Augen leuchteten froh. Immer wieder ergriff sie meine Hand. Manchmal aber glitt ihr Blick zum Fenster oder zur Tür, als warte sie auf jemanden. Madame de Saint-Amaranthe warf mir einen Blick zu, der heißen sollte: Marcel!

Der Prozeß

An diesem Abend kam Marcel nicht nach Hause. Der Gefängnisarzt hatte ihn beiseite genommen und gesagt: «Bürger Marcel, dieser Père Duchesne – wie soll ich sagen – also kurz und gut: Was soll's! Ihr könntet ihn mir abnehmen, mein Lieber!» Marcel hatte daraufhin die Nacht in der Conciergerie verbracht.

Im Saal des Heiligen Ludwig hatten die Richter ihre Plätze auf dem Podium frühzeitig eingenommen. Der Prozeß gegen Hébert sollte in einer halben Stunde beginnen. Marcel saß nahe der Barriere. Hinter ihm waren die Ränge seit Stunden überfüllt. Eine Brüstung brach; aber keiner kümmerte sich darum. Das Volk gierte nach dem Prozeß. Der öffentliche Ankläger ordnete seine Papiere auf einem Taburett.

Nun zogen die Geschworenen in den Saal; und dann wurde Hébert von zwei Gendarmen hereingeführt. Die Zuschauer empfingen ihn mit leidenschaftlichen Pfui-Rufen. Hébert wurde ein Platz nahe bei dem Ankläger angewiesen. Wie oft hatte er als Journalist am Fuß dieser Ränge gesessen!

Drei Hammerschläge kündigten die Vereidigung der Geschworenen an. Noch einmal wurde die Tür geöffnet. Man ließ die Belastungszeugen in den Saal. Marcel hörte ihr Gemurmel: «Ich schwöre und verspreche, ohne Furcht und Haß die Wahrheit zu sagen und nichts als die Wahrheit.»

Kaum hatten sie aber die Formel gesprochen, als Hébert rief: «Bürger! Es gibt keinen Journalisten, dem man nicht den Prozeß machen könnte, wenn man seine Texte beliebig auseinandernimmt und zusammensetzt!»

Auf einen Wink des Richters hin führten die Gendarmen Hébert wieder ab. Man brachte ihn in seine Zelle zurück. Marcel ging zu ihm. Als er ihm ein beruhigendes Mittel anbot, wehrte Hébert ab.

«Nervös? – Ich habe keinen Grund dazu. Es liegen noch zwei Tage vor mir, in denen der Prozeß weitergehen muß. Man wird mich in Kürze wieder vor die Schranken holen, Marcel. Ich habe die Absicht, die drei Tage, die ein Prozeß gesetzlich dauern darf, voll und ganz auszunützen. Dann wird man schon sehen!»

Marcel schlief wieder in der Wachstube der Conciergerie.

♦

Am nächsten Morgen wurde Hébert sehr früh in den Saal des Tribunals geholt. Wie am Tag zuvor waren die Ränge auch heute zum Bersten voll. Marcel hatte bemerkt, daß Héberts Augen fiebrig glänzten. Hatte er diese Nacht so wenig geschlafen?

Wieder nahmen die Formalitäten viel Zeit in Anspruch. Als die eigentliche Verhandlung begann, war es Marcel zumute, als träume er einen wirren Traum. Die Richter verhielten sich so sonderbar! Sie warfen einander Blicke zu, als sie die Zeugin Dubois in die Schranken riefen. Beim Sprechen wiegte sie sich in den Hüften wie eine Tänzerin. «Ich bezeuge, daß der Angeklagte als junger Mann meinem Wohltäter einen Strohsack gestohlen hat!»

Auf den Rängen ertönte Gelächter.

Ein anderer Zeuge sagte aus, Hébert habe als junger Mann von einem Freund Geld geborgt und es nie zurückgegeben.

Marcel beobachtete Hébert gespannt. In dem sensiblen Gesicht sah er ein ungläubiges Staunen aufsteigen. Dann, ganz plötzlich, das Begreifen, daß dieser Prozeß nichts anderes war als ein abgekartetes Spiel, ein Theater, das man der Öffentlichkeit vorspielte! In Wahrheit war schon alles bestimmt: Längst hatte man sich über den Ausgang des Prozesses geeinigt! Mit einem irren Schrei sprang Hébert auf. Der Stuhl, auf dem er gesessen hatte, fiel um. Er griff sich an den Hals, als würde er ersticken. Er zerrte an seinem Halstuch und keuchte: «Ihr wollt mich umbringen!»

Marcel sprang auf. «Ich bitte», sagte er, «den Angeklagten für einen Augenblick in die Obhut des Arztes zu entlassen!» Er faßte Hébert unter und führte ihn hinaus. Zwei Gendarmen flankierten sie.

Das Ende

Von diesem Augenblick an wich Marcel nicht mehr von Héberts Seite. Er fuhr mit ihm in die Conciergerie zurück. Er schlief auf einem Strohsack neben ihm. Er fuhr wieder – und das zum letztenmal, denn der dritte Tag des Prozesses war angebrochen – zum Saal des Heiligen Ludwig.

Es war der Morgen des 24. März; nach der Rechnung des Revolutions-Kalenders der 4. Germinal.

Hébert stand vor dem Tribunal wie einer, der aus dem Grab erstanden ist. Sein Haar hing wirr ins Gesicht. Er war von einer gelblichen Blässe. Niemand hatte ihm ein frisches Hemd in den Kerker gebracht. Und Régine? – Sie war wohl nicht zugelassen worden. Man sah, daß er sich keine Mühe mehr gab, dem Prozeß zu folgen. Nur als der Name Pache fiel, der Name des Pariser Bürgermeisters, der ebenfalls an der Verschwörung von de Batz teilgenommen hatte, horchte er einen Augenblick lang auf.

Als dann aber der Zeugin, die diesen Namen genannt hatte, das Wort abgeschnitten wurde, sagte er leise: «Ach so.» Also war es der Bürgermeister Pache gewesen, der die Verschwörung verraten hatte. – Aus Angst um seinen Posten!

Jetzt beugte sich der Gerichtspräsident Dumas über den Tisch und fragte listig: «Es hat also gar keine Verschwörung gegeben, Bürger Hébert?»

Hébert antwortete nicht.

Da brauste es von den Rängen herunter: «Nieder mit dem Verräter! Es lebe die Republik!»

Marcel begleitete den Angeklagten in die Zelle zurück. Eine Stunde verging. Dann war der Prozeß zu Ende.

Der Barbier kam gutgelaunt mit dem Rasierbecken, in dem er mit dem Pinsel Schaum schlug.

«Zieht Euch lieber das Hemd für einen Augenblick aus, Bürger Hébert, es könnte naß werden. Ich will Euch einen glatten Nacken machen!» Und als er Héberts Nacken säuberlich ausrasiert hatte, hoch den Hinterkopf hinauf, rief er entzückt: «Wie bei einem Säugling!» und forderte ein Trinkgeld.

Um 16 Uhr stand der Henkerskarren vor dem Tor. Die Straße war voller Menschen. Sie schrien alle durcheinander. «Ha, dieser Père Duchesne! Soll er jetzt seinen Riesenzorn haben! Jetzt ist der Ofen aus!»

Ein neues Sansculottenblatt wurde ausgeschrien, *Le Sapeur*. Die Menschen rissen es einander aus den Händen.

Sansculotten! Père Duchesne nimmt die Maske ab. Er bekennt: In meiner Zeitung habe ich mich euch als rüden Kerl mit Räuberfrisur gezeigt. In Wirklichkeit aber war ich immer ein feiner Herr! Ein Sansculotte nur auf dem Bild!

Cléments Tagebuch

26. März 1794

René war da; aber wir sprachen nicht viel. Es fällt einem schwer, normale Worte zu finden. Aber es war schön, beisammen zu sein. Renés Bein sieht da, wo der Professor es operiert hat, etwas entstellt aus und ist noch ein wenig schwächer als das andere.

Plötzlich, ohne daß wir es verabredet hatten, sagte jeder: «Pierre.» In René ist kein Groll gegen Pierre. Damals im Steinbruch, als er aus seiner Bewußtlosigkeit aufgewacht war, hatte er nach Pierre gerufen und war tief enttäuscht gewesen, daß Pierre fortgegangen war. Jetzt sagte er: «Pierre ist fortgegangen, um sich selbst zu finden.»

Ja, und dann warf Scipion-Virgine die kleine silberne Dose nach Anatole, und Anatole tastete auf dem Boden nach ihr. Als er sie gegriffen hatte, befühlte er sie noch genauer als beim ersten Mal. Er öffnete den Deckel an der verborgenen Stelle und fuhr mit zwei Fingern über das Bild, über dieses liebliche Gesicht, das mir so gut gefällt.

«Sonderbar!» murmelte er; dann wandte er sich an uns: «Es hat nämlich niemals mehr als drei solche Dosen gegeben. Die eine gehörte meiner Schwester, deren Bild im Deckel war. Sie sollte sie ihrem Mann zur Hochzeit schenken. Die zweite bekam ich; die dritte erhielt mein jüngerer Bruder Raoul, der am Tag des Sturmes auf die Bastille Frankreich verlassen hat. In meiner Dose war kein Bild – bis – bis ich eines hineinmalen ließ.»

Er schwieg lang, ehe er mit Fassung sagte: «Die Dosen waren vom selben Silberschmied hergestellt. Er hat nur drei von dieser Sorte gemacht.»

«Und hat deine Schwester die Dose ihrem Mann bei der Hochzeit geschenkt?»

«Sie hat ihn nicht geheiratet», sagte Anatole dumpf. «Sie hat – sie ist – eines Tages war sie verschwunden – wir haben nie mehr etwas von ihr gehört.»

Es war sehr still bei uns, bis Anatole fragte: «Woher hast du sie, Régine?»

Er meinte nämlich, Régine habe sie mitgebracht.

Ich hätte etwas sagen sollen, aber ich konnte nicht. Es war, als hätte ich keinen Atem in mir. Und als Anatole mich fragte, woher ich also diese Dose habe, da stotterte ich: «Ich weiß nicht mehr genau!»

Ich werde es ihm nie im Leben sagen! Ich will ihm diesen Kummer niemals machen. Er braucht es nicht zu wissen. Wie sehr würde er sich nun erst über sein ‹unbrauchbar› grämen. Ich liebe Anatole sehr. Régine, die die Zusammenhänge ahnte, nickte mir zu. Heute ist der schönste Tag meines bisherigen Lebens. Ich bin Clément! –

So steht es ja auch am Anfang dieses Tagebuches.

Marcel kam sehr spät aus den Gefängnissen. Er hat Nicole noch nicht gesehen. Wir fragen nichts und lassen ihn in Ruhe.

Ein Glas zerbricht

Seit sie von Passy gekommen war, lebte Nicole bei Madame de Saint-Amaranthe und half ihr im Café.

An diesem Morgen war der Sekretär Lecris sehr zeitig zum Frühstücken gekommen. Madame de Saint-Amaranthe zitterte ein wenig, als sie ihm den Kaffee servierte, weil sie noch immer das schwarze Kleid trug.

«Habt Ihr schon einmal ein Bild von einer unsrer Kaffeeplantagen gesehen, hä?» fragte er.

«Ich erinnere mich an eines, Bürger Lecris.»

«Dann schildert mir doch, wie dort die Mädchen aussehen, die auf dem Kopf jene Schilftabletts mit Kaffeebohnen zur Sammelstelle tragen!»

«Sie haben einen wunderbar aufrechten Gang und sind von der Schulter an bis zu den Hüften mit bunten Tüchern umwunden.»

«Das wollte ich nur hören», sagte Lecris hämisch, packte Madame de Saint-Amaranthes schwarzes Kleid am Halsausschnitt und riß es von oben an ein.

«Nehmt ein Beispiel an diesen Sklavinnen!» schrie er, sprang auf und eilte davon.

«Ich werde mich bei Robespierre über diesen Flegel beklagen!» rief Madame de Saint-Amaranthe, als sie sich gefaßt hatte. Sofort nahm sie ihr Schreibzeug und schrieb:

Da Ihr mein volles Vertrauen besitzt, Bürger Robespierre, wende ich mich mit der Bitte an Euch, den Sekretär des früheren Herzogs, Lecris, an weiteren Besuchen im Mechaniker-Café zu hindern. Auch als Frau sollte ich den Schutz des Gesetzes und die Freiheit meiner Person genießen dürfen!

Noch während sie geschrieben hatte, war Cécile Renault herübergekommen, um bei Madame de Saint-Amaranthe ihr Brot zu essen.

«Soll ich den Brief heute abend mitnehmen, Madame? Auf dem Heimweg kann ich ihn beim Schreiner Duplay abgeben. Robespierre wohnt doch noch bei ihm?»

Aber noch ehe Madame de Saint-Amaranthe antworten konnte, sprang Cécile auf und schrie: «Himmel noch mal! Ich sollte ja die beiden Trennmesserchen zu Monsieur Cabot bringen, daß er sie heute noch schleift!» Sie stürmte mit dem Brief aus der Tür.

Nicole trug lachend Geschirr ins Becken der Theke und begann zu spülen.

Dann ging die Tür:
Marcel!
Ein Kaffeeglas zerbrach, als sie Marcel erkannte. –
Der andere war der Graf von Les Granges? Welch ein zerstörtes Gesicht!

Madame de Saint-Amaranthe schob Nicole beiseite und machte sich daran, die Scherben aufzulesen. «Geh mit ihm in den Park!» sagte sie leise. «Ich kümmre mich um den Blinden.»

Nicole ging neben Marcel. Sie spürte seinen suchenden Blick auf ihrem Gesicht. Sie fühlte seine Nähe. Bei jeder Biegung des Weges streifte sie sein Ärmel. Sie begann zu erzählen: die Nacht in Passy, die Fuchsfalle, Vater Edgeworth, die verjagten Nonnen, der Schafstall – und Pierre.

Marcel tastete nach ihrer Hand. Und als er sie gefunden hatte, preßte er sie wortlos an die Brust.

Endlich sagte er mit rauher Stimme: «Damals in Versailles, als wir auseinandergerissen wurden, sah ich zwischen denen, die zurückliefen, ein Stück von einem roten Rock, und ich glaubte, du seist es, die da umkehrt.»

«Und dann: auf dem Fischmarkt? Warum bist du weggegangen?»

«Ich hatte nichts, was ich hätte bieten können: keine Arbeit für die Revolution, und darum schämte ich mich. – Und ich war ein Bettler!»

«O Marcel!» Sie schluchzte. Wie anders hätte alles werden können, wenn Marcel damals zu ihr herübergekommen wäre! Es hatten sie ja nicht mehr als zwanzig Schritte getrennt!

Marcel schlang den Arm um sie. Sein Herz schlug schwer und hart.

«Nicole!»

Der Ring

Am nächsten Tag war Madame de Saint-Amaranthe krank. Fiebernd lag sie droben im Bett.

«Versorg du heute das Café», bat sie, «und falls Doktor Guillotin kommt, dann schick ihn zu mir herauf.»

Nicole öffnete das Café und nahm die Stühle von den Tischen. Da kam schon Marcel mit Anatole. Von weitem sah sie ihn lachen.

«Heute habe ich ihm verboten zu betteln, Nicole!»

«Es gibt *süßen* Kaffee!» sagte sie. Aber Marcel konnte nicht bleiben.

Anatole stand lang vor der Konsole, die in der Mitte zwischen den Tischchen war, und betastete die neue Erfindung von Doktor Guillotin, bis dieser selber kam und sie ihm bereitwillig erklärte. Als er hörte, daß Madame de Saint-Amaranthe krank sei, ging er zu ihr hinauf und untersuchte sie.

«Ein nervöses Fieber – sonst, glaube ich, nichts! Ist man unglücklich verliebt? Ich hoffe nicht! – Ah, wie steht es mit dem Sekretär Lecris, na na na?»

Die Kranke brach in ein hemmungsloses Gelächter aus. Ausgerechnet Lecris!

Als der Doktor gegangen war, rief sie sofort Nicole herauf. Ungeduldig fragte sie: «War Cécile schon da? Sonst schaut sie immer gleich herein, noch ehe sie in die Näherei geht. – Aber was ich noch sagen wollte: Im Keller hängt ein wenig Rauchfleisch. Zwiebeln, Rüben und Kartoffeln sind auch da. Mach einen Eintopf und lad den Blinden ein. Du kannst den Eintopf aber auch auf die Tafel schreiben, was da ist, reicht für einige. Für den Teller kannst du fünfzehn Sols nehmen, Nicole.»

Aber schon nach einer halben Stunde rief sie wieder: «War Cécile noch nicht da? Ich will doch wissen, ob sie jenen Brief gestern abend richtig abgegeben hat!» Sie drückte sich so vorsichtig aus, weil sie nicht wußte, wer im Café unten war.

Nicole lief zum Fenster der Schirmnäherei; Céciles Platz war leer. War sie eben bei Monsieur Cabot im Waffengeschäft, um die Trennmesserchen vom Schleifen abzuholen?

«Gestern abend schon», sagte Monsieur Cabot kopfschüttelnd.

Zum Mittag kamen, angelockt von der Tafel, einige Gäste. Vergnügt schauten sie auf die kleinen rosa Stückchen, die verloren zwischen den Kartoffeln und Rüben schwammen. Als Nicole zuletzt Anatole sein Essen serviert hatte, kam Lecris ins Café. Er setzte sich an den Nebentisch und fragte über die Schulter barsch: «Wo ist die Bürgerin Amaranthe?»

Anatole hob den Kopf und lauschte der Stimme nach.

«Sie ist krank.»

Anatole, der den Unmut in Nicoles Stimme gehört hatte, legte den Löffel auf den Tisch und reckte sein horchendes Gesicht vor.

«Ach, krank ist sie! Das hätte ich mir denken können! – Sie ist also krank, die Bürgerin Amaranthe.» Er räusperte sich. «Und was haben wir da für einen Lauscher?»

Er drehte sich mitsamt seinem Stuhl um, so daß er Anatole genau gegenüber saß.

«Du fütterst ihn gut, mein Kind! – Gibt es für mich auch noch so was Gutes?»

Er nahm den Geldbeutel aus der Tasche und schüttelte ihn.

«Der Eintopf ist ausgegangen, Bürger Lecris», sagte Nicole. Sie merkte, daß ihre Stimme ängstlich klang.

«Wer ist dieser Bevorzugte?» fragte Lecris gehässig.

«Ein Freund», stotterte Nicole. «Aus meiner Heimat –»

Und dann sah sie etwas, was das Blut in ihren Adern gerinnen ließ: Aus Anatoles Halsausschnitt baumelte an einer Schnur der Wappenring, das Zeichen des Adeligen, das er bis jetzt gehütet hatte. Zu spät hielt sie ihm die Serviette vor.

«Sieh mal an!» raunte Lecris hämisch, dann wandte er sich an die anderen Gäste: «Bürger, seht euch das mal an: Hier sitzt der unbelehrbare Adel mit am Tisch! Daher das Fleisch in der Suppe!»

Er sprang auf, gab dem Tischchen einen Fußtritt und ging höhnisch lachend hinaus. Die Gäste löffelten schweigend ihren Eintopf. Einige ließen den halb geleerten Teller stehen, um zu zeigen, was für gute Patrioten sie waren. Anatole hatte die Hände vors Gesicht geschlagen. Er stöhnte laut.

Wenn nur Marcel kommen und ihn mitnehmen würde, dachte Nicole. Hier war er in Gefahr!

«Was ist geschehen?» rief Madame de Saint-Amaranthe von oben.

«O Madame, seit wann ist es so schlimm in Paris?» fragte Nicole, nachdem sie ihr alles berichtet hatte.

«Seit Robespierre das Haupt des Wohlfahrtsausschusses ist.»

«Und gerade auf Robespierre hatte ich so große Hoffnungen gesetzt!»

Die Verräterin
und der letzte vom Club

Pfeifend und vergnügt kam Marcel vom Professor zurück. Er begriff Nicoles Angst und Erregung nicht. Nur wegen dieses Lecris?

«Wir müssen hier weg, Marcel! Weg aus Paris, so schnell wie möglich!»

Marcel ärgerte sich: Mußte sie ihm die glückliche Stimmung mit ihren Ängsten verderben? «Wo willst du denn hin?»

«Nach Les Granges! Ich will nach Les Granges, Marcel!»

Marcel stutzte einen Augenblick. Dann sagte er bitter: «Auch du denkst nur an dich, Nicole! Hast du Anatole vergessen? Er *kann* nicht dorthin zurück!» Er reichte dem Blinden die Schulter.

Nicole sah ihnen nach, bis sie hinter den Bäumen verschwunden waren. Sie hörte nicht mehr, wie Anatole verzweifelt sagte: «Hättest du mich doch in Saint-Cyr – – verrecken lassen!»

◆

Am Straßenrand hielt eine Amtskutsche. Zwei Gendarmen stiegen aus und gingen durchs Tor. Marcel achtete nicht auf sie, er hörte einen Zeitungsjungen schreien:

Mordversuch an Robespierre! Frecher Mordversuch an Robespierre! Gestern abend wurde vor Robespierres Tür eine Konterrevolutionärin abgefangen, die zwei Messer bei sich trug. Bis jetzt ist sie noch nicht geständig geworden. Aber die Indizien sprechen sie eindeutig schuldig!

Marcel und Anatole gingen angeekelt weg.

«Weiß man denn, wie diese Verräterin heißt?» wollte eine Frau wissen.

«Cécile Renault», rief der Junge. «Mit zwei Trennmesserchen hat sie es machen wollen, die Schlampe – ich weiß nur nicht wie!»

Nicole sah die beiden Gendarmen sofort.

«Madame! Madame!» rief sie angstvoll. «Gendarmen kommen durch den Park!»

In ein Tuch gewickelt, kam Madame de Saint-Amaranthe die Treppe heruntergeeilt.

«Der Brief und das schwarze Kleid!» flüsterte sie entsetzt. Willenlos stand sie da, als die Gendarmen ihr die Hände zusammenbanden.

Aber dann – –

– dann sagte einer der Gendarmen, indem er sich blitzschnell umwandte: «Und die dort, Bürgerin, die Kleine da: Das ist wohl Nicole, die es sich zum Vergnügen macht, unverbesserliche Adelige zu speisen?»

«Diese Verräterin an der Revolution!» rief der andere.

Vom Schrecken gelähmt, ließ Nicole alles mit sich geschehen.

◆

Marcel und Anatole bogen in die Rue des Tanneurs ein, als ihnen ein furchtbarer Gestank entgegenwehte. Männer waren dabei, mit langstieligen Schöpfkellen die Abortgruben zu leeren. Sie schöpften im Gleichtakt. Einer von ihnen war Pierre. Als sie nahe herangekommen waren, hob er den Kopf und erkannte Marcel. Er nickte, unterbrach aber den Gleichtakt nicht.

Marcel schluckte trocken. «Du, Pierre?» Fragend deutete er auf die Grube: «Wieso?»

«Es war die niederste der notwendigen Arbeiten, die ich finden konnte», antwortete Pierre und stützte sich auf den Stiel der Schöpfkelle.

«He! Was soll das?» rief einer der Arbeiter unwirsch.

«Gleich», antwortete Pierre, rührte sich aber nicht. «Wo ist Nicole?»

«Sie ist hier», sagte Marcel. «Es geht ihr gut.»

«Es geht ihr also gut», sagte Pierre. Ein Freudenschimmer erhellte einen Augenblick lang sein Gesicht. Dann schrie ein anderer: «He!» Und Pierre reihte sich mit seiner Schöpfkelle wieder in den Gleichtakt ein.

Nicoles Stimme

Die Freunde sahen Nicole erst am Tag der Hinrichtung wieder. Zusammen mit dreiundfünfzig Verurteilten wurde sie zum «Platz der Eintracht» geführt, wo man anstelle des Denkmals von Ludwig XV. die Guillotine aufgestellt hatte. Auch Cécile und Madame de Saint-Amaranthe waren unter den Verurteilten. Allen hatte man die Haare den Hinterkopf hinauf abgeschnitten. Cécile hatte man den roten Schandschleier der Vatermörderin umgelegt, denn Robespierre galt als Vater der Nation. Cécile und Nicole gingen Hand in Hand wie Schwestern. Ihr Blick verlor sich in unbestimmten Weiten; ihre Gesichter waren hell. Erst nahe bei der Guillotine wurden sie gefesselt.

Als Nicole ans Kippbrett geschnallt werden sollte, hörte Marcel ihre liebe Stimme zum letztenmal: «Liege ich so gut, Bürger Henker?»

Nicole! Liebe Nicole!

Unsre Nicole!

Eine Frau heulte auf und konnte sich nicht beruhigen. Es war die Fisch-Caroline.

Schweigend wandten sich die Freunde, um nach Hause zu gehen. In der Menge sahen sie Pierre. Auch er war also da! Alle waren dagewesen; alle hatten Nicole begleitet. Kummer und Entsetzen hatte sie alle gleichermaßen überwältigt.

«Pierre!» sagte René endlich. «Auch du, Pierre!»

«Du siehst es, Bruder», antwortete Pierre.

«Wir wollen von hier weg», sagte Régine.

«Ich komme nicht mit.»

Marcel hatte sich abgewandt, um seine Tränen zu verbergen.

«Es war schön mit euch», sagte Pierre, «steht mir aber nicht mehr zu.»

Er trat auf Marcel zu und reichte ihm die Hand. Einen Augenblick lang sahen die Freunde einander traurig in die Augen.

«Mein Bein?» fragte René, als er Pierres suchenden Blick sah. «– Es ist so gut wie zuvor!»

Pierre schaute ihm mit so viel Wärme und Dankbarkeit ins Gesicht, daß René den Blick senken mußte.

«Jetzt kann ihr nichts mehr passieren», sagte Pierre und ging. Sie wußten alle, daß er Nicole gemeint hatte.

Heimkehr

Es dauerte noch ein halbes Jahr, bis die Freunde so weit waren, daß sie Paris verlassen konnten. Aber Paris war inzwischen ein neues Paris geworden: Menschen, die sich in helle Farben kleideten und fröhlich waren. Sie mußten nicht mehr allzusehr hungern. Sie hatten keine Verdächtigungen mehr zu fürchten. Die Herrschaft des Terrors war zusammengebrochen. Möge sie nie mehr zurückkehren!

Vierzehn Tage nach der Hinrichtung der vierundfünfzig Verurteilten war Danton dem Tribunal zum Opfer gefallen – und im Juli Robespierre selbst, der gemeint hatte, er könne mit fanatischer Gewalt ein Volk zur demokratischen Tugend erziehen, die in Wahrheit die Tugend der Brüderlichkeit und des selbständigen moralischen Denkens ist.

Mit seiner unbestechlichen Logik und Selbstkritik hatte er am Ende aber den Hauptfehler in der Entwicklung der Revolution erkannt und in seiner letzten Rede so benannt:

Bürger! Wir werden zugrunde gehen, weil wir versäumt haben, *im rechten Augenblick* **der** *Freiheit sichere Grenzen zu geben!*

Der Professor hatte die Wiedergabe dieser Rede in der Zeitung gelesen. Er hatte das Blatt zusammengefaltet und in die Tasche geschoben. Jetzt nahm er es heraus und machte ein Schiffchen daraus, wie er es von Marcel gelernt hatte. Für seine Kinder ließ er es in der Seine schwimmen. Lang sahen sie dem hüpfenden Ding nach, wie es von den Wellen hin und her gerissen wurde, wie es für Augenblicke verschwand, aber dann wieder aufglänzte.

Dann traf er sich mit Marcel, um sich von ihm zu verabschieden.

«Nicht für lang!» betonte er. Er hatte Marcel das Versprechen abgenommen, wieder zu ihm zurückzukommen, um sein Studium zu vollenden. Vorher wollte Marcel nach seinen Eltern sehen und dann Anatole zu seinen Verwandten in den Süden Frankreichs bringen, die einen Teil ihrer Güter behalten hatten.

Cléments Tagebuch

5. September 1794

Als wir auf dem Heimweg zum Schloß von Versailles kamen, konnte keiner von uns seine Erschütterung verbergen. Hier waren wir auseinandergerissen worden! Was alles lag dazwischen!
Ich bestand darauf, in Abbé Fauchets Hütte zu gehen.
Wir entdeckten den Handwagen, den ich damals hiergelassen hatte, unter Brettern und Faßdauben. Die Hütte gehört einem Küfer, seit Abbé Fauchet nach Rouen versetzt worden ist. Den Handwagen gab uns der Küfer mit.
Spät am Abend gelangten wir zu unserer Lichtung und sahen den Steinkranz, in dem unser Lagerfeuer gewesen war. Ich dachte an Nicole, die nahe neben mir unter ihrem Mantel geschlafen hatte. Ihr roter Rock! Und wie Pierre und Marcel vom Brennholzsammeln aus dem Wald kamen und einander nicht in die Augen sahen, weil jeder vom andern wußte, daß ihm Nicole gefiel.
Auch heute habe ich auf dem Handwagen gesessen – manchmal zusammen mit René. Anatole hat sich hinten am Wagen festgehalten und hat geschoben. Les Granges ist nun keine Gefahr mehr für ihn. Die Terror-Gesetze gelten nicht mehr. Und doch mußte ihm unbeschreiblich schwer werden, was ihn erwartete: das Schloß zerstört, die Familie tot – wer weiß wo verscharrt! – Das ärgste aber: die Erinnerung!
Anders war es mit René, der sich auf seine Mutter freute. In all den Jahren hatte er ihr kein einziges Mal geschrieben!
«– und was ich ihr mitbringe, das muß sie erst mal erraten!»
«Was bringst du ihr mit?» wollte Anatole wissen.
«Daß ich Englisch gelernt habe. Das bringe ich ihr mit.»
«Ach so», sagte Régine.
«Ich wandre nämlich aus, und dann – und dann – hole ich sie nach! – Ich interessiere mich für die englische Politik.»

Ich wechselte mit Régine einen raschen Blick: Nein, wir wandern nicht aus. Wir kehren auch nicht nach Paris zurück, wie Marcel es vorhat. Wir bleiben in Les Granges. Wir wollen zusammen Körbe machen, als gute Freunde. – Oder mehr?
Ich habe sie noch nicht gefragt.
René warf den letzten Ast ins Feuer. «Ich weiß nicht», *sagte er dabei,* «wie es euch geht; aber ich – – ich! – möchte Revolutionär bleiben! Alles müßte noch einmal von vorne beginnen – – und dann ganz anders sein!»
«Ich möchte auch Revolutionär bleiben», *sagte ich.*
Anatole schüttelte den Kopf. «Was wollt ihr jetzt noch anders haben, als es ist?»
Marcel lächelte traurig. «Uns selbst! – Die Humanität muß größer sein als jede Politik!»
Marcel hat recht: Wie könnte ein politisches Modell jemals besser sein als die Menschen, die es machen, und als jene, die es verwirklichen sollen!
Marcel fragte: «Sind wir bereit, die Menschenrechte, die wir für uns so eifrig fordern, jedem anderen ebenso zuzugestehen? Würden wir die Freiheit der Person auch für andere verteidigen – zum Beispiel gegen uns? Die Freiheit der anderen Meinung? Der anderen Art? – Sind wir bereit, auch für andere das Recht auf Gleichheit zu erkämpfen? – Erst dann nämlich wird es – möglicherweise in hundert oder zweihundert Jahren – eine Revolution geben können, die unblutig verläuft!»
Als wir aus dem letzten Waldstück heraustraten, lag Les Granges vor uns. Wir blieben lange stehen – und schwiegen.

Ausklang

Bis auf wenige Ausnahmen haben die Figuren dieses Buches gelebt. Ihre Charaktere und ihr Schicksal sind belegt. Héberts Töchterchen Scipion-Virgine ist nach dem Tod der Eltern von Anne und Jacques-Christophe aufgezogen worden. Später hat Scipion-Virgine im Norden Frankreichs gewohnt. Dorthin hatte sie sich verheiratet.

Der ‹liebe de Batz› ist nach Jahren verarmt in Paris gestorben. Damals lebte die Bürgerin Cato nicht mehr. Der liebenswürdige Abbé Fauchet ist meines Wissens nicht mehr nach Paris zurückversetzt worden.

Nach dem frühen Tod des Dauphins ist der Flickschuster Simon zu seinem Leisten zurückgekehrt. Gewiß war er glücklich darüber, daß er die große Verantwortung nicht mehr zu tragen hatte.

Belegt sind auch der betrügerische Drucker Tremblay aus der Rue Saint-Denis, der Unterleutnant Fribourg und der Gefängnisarzt de Bussy mit seiner abgehackten Sprache. Ebenso der Royalist Lézadière, der das Häuschen in der Gasse der Taubenschläge Nummer 7 für das Komplott zur Verfügung gestellt hat.

Bô, der Journalist, hat Héberts Tränen wirklich gesehen und mit den im Buch wiedergegebenen Worten darauf angespielt. Bei dem Umzug mit dem toten König hat Hébert den blutigen Zipfel seines Taschentuches tatsächlich Herrn Desgenette gezeigt.

Vater Edgeworth aus Irland ist später zu Ludwig XVIII. nach Mitau gegangen und dort 1807 gestorben.

Régine Marie Gentille hat bei den Héberts wirklich in der Kammer über der Küche gewohnt.

Sogar Héberts kleiner Hund hat in den Dokumenten seinen Platz gefunden – nicht nur durch die zeitgenössischen Kupferstiche, sondern weil die Worte verbürgt sind, die Hébert bei der Hinrichtung des Königs gesprochen hat.

Nicoles letzte Worte sind belegt; und Cécile Renault ist damals vor Robespierres Wohnung von den Wachen abgefangen worden. Die beiden Messerchen waren ihr Verhängnis. Beide Mädchen haben zusammen mit der warmherzigen Madame de Saint-Amaranthe ihr trauriges Schicksal nachweislich vollendet.

Über alle jene berühmten Männer der Revolution, deren Namen in den Nachschlagewerken zu finden sind, muß hier nichts gesagt werden: über Robespierre, Danton, Hébert, Marat, Chaumette, Desmoulins – oder den französischen Gesandten in London, den Bischof von Autun: Talleyrand. Auch Clavière, der seine Kutsche beim Komplott ausgeliehen hatte, kann man im Lexikon finden.

Die Figuren aber, die nicht dokumentarisch überliefert sind, sind so gestaltet worden, wie sie zu jener Zeit hätten sein können – weil es solche Figuren gab.

Benutzte Quellen

Ernst Schulin, *Die Französische Revolution*, Beck Verlag, München 1988.
Rolf Reichardt (Hrsg.), *Die Französische Revolution*, Verlag Ploetz, Freiburg / Würzburg 1988.
Auguste Lazar, *Bilder aus der Französischen Revolution*, Dietz Verlag, Berlin 1989.
Pierre Gaxotte, *Die Französische Revolution*, Mit einer Einführung von Hellmut Diwald,König Verlag, München 1973.
Marina Grey, *Hébert – Le «Père Duchesne» agent royaliste*, Librairie Academique Pettin, Paris 1983.

Zeittafel

1789

17.6.	Einrichtung der Verfassungsgebenden National-versammlung (Konstituante)
20.6.	Treueschwur im Ballhaus von Versailles
14.7.	Sturm auf die Bastille
26.8.	Erklärung der Menschen- und Bürgerrechte
6.10.	Zug der Frauen nach Versailles. Der König wird nach Paris geholt

1791

20.6.	Fluchtversuch der königlichen Familie
3.9.	Vollendung der Verfassung für die konstitutionelle Monarchie
7.9.	Einrichtung der Gesetzgebenden National-versammlung (Legislative)
14.9.	Eid des Königs auf die Verfassung

1792

20.4.	Kriegserklärung Frankreichs an Österreich
20.6.	Massendemonstration gegen den König in den Tuilerien
10.8.	Erstürmung der Tuilerien. Gefangensetzung der königlichen Familie im Temple, Aufhebung des Königtums
2.- 6.9.	Morde in den Pariser Gefängnissen
21.9.	Einrichtung des National-Konvents
22.9.	Frankreich ist Republik

1793

- 21.1. Hinrichtung des Königs Ludwig XVI.
- 31.5. Aufstand der Pariser Sansculotten.
  Verhaftung führender Girondisten
- 17.9. Gesetz gegen die «Verdächtigen». Beginn des Terrors
- 16.10. Hinrichtung der Königin
- 31.10. Hinrichtung der führenden Girondisten
- 10.11. Fest der Vernunft

1794

- 24.3. Hinrichtung Héberts
- 5.4. Hinrichtung Dantons
- 8.6. Fest des «höchsten Wesens»
- 28.7. Sturz und Hinrichtung Robespierres; Ende des Terrors

Anhang

DIE POLITISCHEN INTERESSENGRUPPEN DER FRANZÖSISCHEN REVOLUTION

1. DIE JAKOBINER

So wurden die Mitglieder eines politischen Clubs nach dem Saal genannt, in dem sie ihre nächtlichen Sitzungen abhielten. Er befand sich in einem Kloster. Dieser über ganz Frankreich verbreitete exklusive Club war streng zentralistisch organisiert und in sich reglementiert. Die Jakobiner erreichten den Sturz des Königtums, nachdem die Girondisten sich aus dem Club mehr und mehr zurückgezogen hatten. Nach der erfolgten Abspaltung der Cordeliers (siehe dort) gewann Robespierre rasch den maßgeblichen Einfluß und damit das organisatorische Mittel, den Terror in ganz Frankreich durchzuführen.

2. DIE CORDELIERS

Verselbständigter Teil der Jakobiner. Sie nahmen Durchschnittsbürger auf und waren radikaler als die Jakobiner. Ihre Führer, Danton, Desmoulins, Marat, Hébert und Chaumette betrieben besonders die Einrichtung einer Republik. Während der Regierungszeit des Konvents teilten sie sich mit den Jakobinern in die Macht. Sie bildeten mit diesen zusammen die «Berg-Partei», bis sie von Robespierre als Rivalen gestürzt wurden.

3. DIE BERG-PARTEI

Regierungsspitze des National-Konvents. Sie hatten ihre Sitze in den obersten Reihen des Sitzungssaales; und daher rührt ihre Benennung.

4. Die Feuillantiner

Dieser Club war eine – von La Fayette angeführte – Abspaltung gemäßigter Jakobiner. Sie strebten eine Verfassungs-Monarchie nach englischem Muster an. Den Mißbrauch der jungen demokratischen Idee prangerten sie ebenso an wie den des alten Königtums und verscherzten sich auf diese Weise die Sympathien beider Gruppen. Vom Pöbel wurden sie bereits 1791 gesprengt.

5. Die Girondisten

In der Gesetzgebenden Nationalversammlung waren die Abgeordneten aus dem Département Gironde die Haupt-Wortführer aller Provinz-Abgeordneten. Ihre politische Gesinnung schwankte, war aber hauptsächlich republikanisch mit föderalistischer Tendenz. Um ihre Ziele zu erreichen, reizten sie die unteren Schichten des Volkes auf, bis sich diese – entfesselt – gegen die Girondisten selber wandten.

Alle Interessengruppen der Französischen Revolution sind in dieser Kürze nicht erschöpfend zu charakterisieren, nicht zuletzt deshalb, weil die jeweiligen großen Meinungsrichtungen durch persönliche Machtinteressen durchbrochen wurden.

Lebendige Geschichte im Jugendbuch
Romane von Inge Ott

Verrat!

Feinde und Freunde um Wallenstein
280 Seiten, gebunden

Den verschlungenen, sich trennenden und wieder kreuzenden Schicksalswegen um den mächtigen, unnahbaren Wallenstein spürt Inge Ott nach. Die Reise zu den Schauplätzen des Dreißigjährigen Krieges führt in die Paläste der Regenten, in die Welt derer, die Religion sagen und Macht meinen. Sie führt aber auch durch zerstörte, geplünderte, verarmte Dörfer, zeigt eindringlich Mühsal und Not der «kleinen Leute» und läßt uns indes gerade hier Beispiele ehrlicher, uneigennütziger Freundschaft und Liebe erleben. Wie ein roter Faden zieht sich der Namensstein aus Wallensteins Schwertgehenk durch das dramatische Geschehen. Seitdem Jan von der Kate in jungen Jahren Wallenstein einmal half, trägt er den Namensstein mit sich. Doch wann wird er ihn seinem Namensträger zurückgeben können?

«Fesselndes Jugendbuch um die Gestalt des geheimnisumwitterten Friedländers. Auch die Schicksale ‹kleiner Leute› in den grausamen Zeitläuften kommen ins Bild. Spannend, phantasievoll und historisch glaubwürdig erzählt.»

Das gute Buch in der Schule

Verlag Freies Geistesleben

Lebendige Geschichte im Jugendbuch
Romane von Inge Ott

Das Geheimnis der Tempelritter

*Die Geschichte des Templerordens,
erlebt von einer Steinmetzfamilie aus Lyon
390 Seiten, gebunden*

«Der Autorin ist ein beachtenswerter historischer Roman gelungen. Episch breit erzählt sie die Geschichte des Ordens von den Anfängen im 12. bis zu seinem Ende im 14. Jahrhundert. Das ist ein sehr kühnes Unterfangen …»

Süddeutsche Zeitung

Geier über dem Montségur

*Der heldenhafte Kampf einer Schar auserlesener Ritter
gegen König und Papst
Mit einem Nachwort von Dr. Heinrich Pleticha
189 Seiten, kartoniert*

«Die Katharer sind seit Jahrhunderten tot. Aber noch immer mahnen die Ruinen von Montségur an ein dunkles Kapitel menschlicher Verwirrung, ein grandioses Denkmal zugleich aber auch für Standhaftigkeit und innere Größe.»

Heinrich Pleticha im Nachwort

Verlag Freies Geistesleben

*Die Geschichte von Gewissen und Liebe –
bewegt wie eine Ballade in Prosa*

INGE OTT
Der Reiter und das Mädchen
*Wandlungen einer ersten Liebe.
96 Seiten, gebunden*

«Acht Jahre nachdem sich der einundzwanzigjährige Student von der ersten wirklichen Liebe seines Lebens recht plötzlich verabschiedet hat, macht er auf einer Auslandsreise einen Abstecher, um ihr noch einmal vor die Augen zu treten. Es gehört Mut dazu, und am liebsten möchte er noch vor der letzten Kreuzung abbiegen, bis ihm allmählich aufgeht, daß er ohne dieses Wiedersehen nicht mehr wieterleben kann ...
Das Mädchen heißt Friederike Brion und ihr Freund – Johann Wolfgang Goethe. Inge Ott hat sich bis ins kleinste an die Quellen gehalten, darüber aber niemals das Erzählen vergessen. Es ist ihr auch wunderbar gelungen, das Fluidum der Landschaft einzufangen, die sie so gut kennt. Diese Geschichte ist mit Herz und doch ohne Gefühlsüberschwang erzählt. Sie ist in keinem Jugendbuchprogramm erschienen.
Jugendlichen Lesern aber bliebe ein bewegendes und nützliches Selbstverständigungsmittel vorenthalten, erführen nicht auch sie von der Existenz dieses Büchleins.»

Klaus Seehafer / Frankfurter Allgemeine Zeitung

Verlag Freies Geistesleben